ERICH KÄSTNER
FREUNDSCHAFT AUF DEN ERSTEN BLICK

Von alten, jungen und neuen Freunden

Herausgegeben von Sylvia List

Atrium Verlag · Zürich

Erstausgabe
1. Auflage 2020
© Atrium Verlag AG, Zürich 2020
© Thomas Kästner: *Die alte Freundschaft und die kleinen Erinnerungen, Mit Erich Ohser in Paris, Max und sein Frack, In der Heimat beigesetzt, An Walter Trier, Die Reisen des Amfortas Kluge: Fünf Minuten Nordpol, Freunde in der Not, Glückwünsche für Carl Zuckmayer, An Werner Buhre, Geburtstagsständchen für Hermann Kesten, fast aus dem Stegreif*
Alle Rechte vorbehalten

Umschlagillustration: Christoph Niemann, 2020
Satz: Greiner & Reichel, Köln
Druck und Bindung: GGP Media GmbH, Pößneck
Printed in Germany
ISBN 978-3-85535-108-4

www.atrium-verlag.com

Inhalt

Ein Freund, ein guter Freund ...

... das ist das Beste, was es gibt auf der Welt! Dem können die Freunde in Kästners Kinderbüchern – Emil und seine kleine Bande von Detektiven, Pünktchen und Anton (samt Herrn Bremser), Johnny Trotz, Sebastian, Martin, Matz und Uli von Simmern – nur zustimmen. Justus und der Nichtraucher sicher auch. Gerade in diesen seit Generationen und immer wieder neu geliebten Büchern – den *Emil*-Bänden, *Pünktchen und Anton, Das fliegende Klassenzimmer* – lässt sich erfahren, was Freundschaft ist: füreinander einstehen, den anderen nicht allein lassen, ihn gelten lassen, ihm aufmerksam zuhören und miteinander reden. Und in jüngerem Alter: miteinander spielen, so wie es der »ungefähr Achtjährige« kleine Junge Erich Kästner und seine Freunde getan haben.

Bei den Erwachsenen in Kästners Unterhaltungsromanen sieht es nicht viel anders aus. Georg und Karl – zwei altvertraute Freunde, die durch Salzburg schlendern und deren freundschaftliche Beziehung so selbstverständlich ist, dass sie das gar nicht thematisieren müssen und dass Karl Georgs seltsame Manöver gelassen hinnehmen kann (*Bummel durch Salzburg*). Rudi Struve und Joachim Seiler: Dass Struve, noch erbost über die ihm widerfahrene Unbill und unter Zeitdruck wegen seiner Komposition, dennoch ohne langes Nachfragen auf Seilers dringende Bitte hin die Verfolgung eines Wagens und einer ihm völlig unbekannten Person aufnimmt, ist ein Vertrauensbeweis, wie er nur unter langjährigen Freunden möglich ist (*Der zwiefache Struve*). Aber es gibt eben auch das ganz andere: die »Freundschaft auf den ersten Blick«, wie zwischen Schulze/Tobler und Hagedorn in *Missverständnisse und Männerfreundschaft*. Gleich bei der ersten Begegnung funkt es zwischen den beiden. Es ist die spontane Freundschaft zweier Außenseiter, die beide nicht in das elegante Grandhotel passen oder zu passen scheinen. Schulze weiß, dass er realiter der Millionär Tobler, Hagedorn, dass er ein stellungsloser Werbefachmann ist. Von der gesellschaftlichen Kluft zwischen Schulze und ihm ahnt er nicht das geringste. Er reagiert mit spontaner Sympathie auf den ihm gänzlich unbekannten ärmlichen Schulze, spürt wohl dessen natürliche Autorität, macht sich aber weiter keine Gedanken darüber. Tobler in seiner Maskerade als Schulze erlebt, dass Hagedorn völlig offen und unvoreingenommen auf ihn zugeht, ihn als Menschen wahrnimmt und von gleich zu gleich behandelt (im Unterschied zum Hotelpersonal). Er findet in ihm, was ihm bislang gefehlt hat: einen Freund, der ihm auch nach dem Ende der Maskerade als »eingebildeter Armer« wichtig ist, ja, lebenswichtig. »Was ich erleben wollte, hat wenig zu bedeuten, wenn ich's mit dem vergleiche, was ich erlebt habe. Ich habe einen Freund gefunden. Endlich einen Freund, mein Junge! Komm, gib dem ollen Tobler die Hand!«, heißt es am Ende. Und Hagedorn schlägt ein.

Bei Toblers Worten fühlt man sich an die Szene auf dem Mond im *Münchhausen*-Film erinnert, wo der treue Kuchenreutter in sich zusammensinkt und stirbt und Münchhausen fast hilflos sagt: »Ich brauchte doch wenigstens *einen* Freund!«

Einen Freund, ja – und was, wenn er auf einmal nicht mehr da ist, wenn er tot ist? Vor dieser Situation steht Fabian. Er ist unter Schock, er hadert, er vergegenwärtigt sich noch einmal seinen Freund Labude. Nirgends sonst in Kästners Roman *Der Gang vor die Hunde (Fabian)* wird die Tiefe und Intensität dieser Freundschaft so intensiv spürbar wie in diesen Momenten einsamer Trauer (*Labude*).

Und was, wenn ein guter Freund einen im Stich lässt, wie Kästner es in *Freunde in der Not* schildert? Es geht um Erich Ohser, den er bis zum Beginn der Nazizeit für seinen besten Freund gehalten hatte. Dass Ohser ihn mied und schlagartig nichts mehr mit ihm zu tun haben wollte, hat Kästner tief verletzt. Aber, wie er Jahre später in *Als ich ein kleiner Junge war* schreibt: »Freunde wählt man aus freien Stücken, und wenn man spürt, dass man sich ineinander geirrt hat, kann man sich trennen. Solch ein Schnitt tut weh, denn dafür gibt es keine Narkose. Doch die Operation ist möglich, und die Heilung der Wunde im Herzen auch.« Auch Kästners Wunde im Herzen verheilte, und dem verdanken wir die schönen Würdigungen des einstigen Freundes *Erich Ohser aus Plauen* (1957) und, hier abgedruckt, *Mit Erich Ohser in Paris* (1969).

Geradezu das Gegenstück zu Ohser ist der »Fluchthelfer« Eberhard Schmidt. Kästner und er kannten sich von den Dreharbeiten zu *Der kleine Grenzverkehr* und *Münchhausen*. Als Schmidt ihm die Möglichkeit bot, dem bedrohten Berlin zu entkommen, kam das für Kästner ganz unverhofft – und für Schmidt war es mit einem beträchtlichen persönlichen Risiko verbunden. Aber er besaß wohl einige Chuzpe, sonst hätte er kaum vorgetäuscht, einen Film mit dem Titel *Das verlorene Gesicht* zu drehen, und das auch noch ohne Filmmaterial.

Grundsätzlich haben die Erfahrungen im Dritten Reich, vor allem so verletzende wie die mit Erich Ohser, Erich Kästner in seinen späteren Lebensjahren eher »ungesellig« werden lassen, wie er es nannte. Selbstkontrolle hatte er als Sohn einer depressiven Mutter schon früh einüben müssen, und wohl darum konnte er sich anderen Menschen nur schwer wirklich öffnen. Dabei war er als Autor und später in offiziellen Funktionen wie etwa als PEN-Präsident ein hervorragender Netzwerker mit unendlich vielen ebenso nützlichen wie freundschaftlich-kollegialen Kontakten in und außerhalb der literarischen Szene. Bei alledem blieb er jedoch distanziert, ein Beobachter oder, um es in seinen eigenen Worten zu sagen, ein Zuschauer.

Einige Menschen gab es aber doch, mit denen er wirklich befreundet war, selbst wenn er sich mit vielen von ihnen, heutzutage fast unvorstellbar, bis ans Lebensende gesiezt hat.

Was natürlich nicht gilt für seinen Freund aus Gymnasialzeiten, Werner Buhre, dessen Lebensstationen Dresden, Berlin, München identisch mit denen Kästners waren. Während des Dritten Reichs schrieb Buhre, ein wahrhaft loyaler Freund, zusammen mit Kästner, der Schreibverbot hatte, unter dem Pseudonym Robert Neuner das Lustspiel *Das lebenslängliche Kind*. Als sie später in München beruflich kaum noch miteinander zu tun hatten, blieb Kästner bemüht, den Kontakt nicht einschlafen zu lassen.

Mit dem Dramatiker Carl Zuckmayer duzte Kästner sich zwar auch, aber erst seit einem Wiedersehen im Nachkriegszürich 1947.

Vierzehn Jahre lang hatten sie einander nicht gesehen, und statt der Reibereien und Rivalitäten ihrer frühen Jahre, an die Kästner in seinem Glückwunschbrief erinnert, war nun die gemeinsame Ablehnung des Dritten Reichs bestimmend für ihr Verhältnis und ließ sie zu einer freundschaftlichen Beziehung finden.

Auch Walter Trier und Kästner kannten sich aus dem Vorkriegsberlin. Sie hatten sich auf Anhieb gut verstanden, als Edith Jacobsohn die beiden 1929 für *Emil und die Detektive* miteinander verkuppelte. Trier hat viele Bücher Kästners illustriert, auch noch im Exil, aber wie viele mehr hätten es vielleicht sein können, wäre Kästner nicht mit Schreibverbot belegt gewesen und hätte Trier nicht emigrieren müssen. Nicht auszudenken! Man darf aber den verpassten Chancen, die die kongeniale Partnerschaft der beiden geboten hätte, vielleicht doch ein wenig nachtrauern.

In seinen Münchner Jahren gewann Kästner einen neuen Freund – den Schriftsteller und bildenden Künstler Ernst Penzoldt. Wie so viele andere auch erlag er dem Zauber, der von diesem Mann ausging, dieser »poetischen Figur«. Es gibt wenige Texte Kästners, aus denen so liebevolle Zuneigung, so viel offene Herzlichkeit spricht, wie aus seiner Gratulation zu Penzoldts 60. Geburtstag. In seinem Nachruf, nur drei Jahre später, beklagte Kästner einen der »schwersten, schmerzlichsten Verluste […] für die deutsche, ja die zeitgenössische Literatur überhaupt«.

Einen Freund aus Berliner Tagen aber gab es, seinen »besten«, der Kästner blieb, ihn sogar überlebte: Hermann Kesten. Ihre erste Begegnung, beschrieben in *Die alte Freundschaft und die kleinen Erinnerungen*, war wie ein Wiedererkennen – eine Freundschaft auf den ersten

Blick. Eine beide Autoren beglückende Erfahrung, und umso wunderbarer, als diese Freundschaft auch alle Trennungen und Widrigkeiten durch Exil und Krieg überdauerte. Was Hermann Kesten an Kästner zu dessen 70. Geburtstag schrieb – »ich denke, es war ein Glück für mich, dass ich Sie zu Beginn meiner Berliner Jahre getroffen habe und dass wir einander erkannt haben, in der ersten Stunde, und Freunde wurden« –, hätte auch von Erich Kästner stammen können.

Kästner war kein »Genie der Freundschaft«, aber er wusste, was er an seinen wenigen wirklichen Freunden hatte. So, wie er es an Hermann und Toni Kesten schrieb: »Ich könnte das meiste in meinem Leben missen. Eure Freundschaft *nicht!*« Er brauchte, um nochmals Münchhausen zu zitieren, »wenigstens *einen* Freund«. Einen guten Freund, wie er ihn auch jedem Kind wünschte. Damit es erfahren könne, wie glücklich es macht, glücklich zu machen.

Sommer 2020   Sylvia List

Die alte Freundschaft und die kleinen Erinnerungen
Für Kesten zum 60. Geburtstage

Lieber Hermann,

wie kommt Freundschaft zustande? Da lernen einander, bei der Witwe Siegfried Jacobsohns, ein Glas in der Hand, zwei junge Schriftsteller sich kennen, lächeln einander zu und fragen sich im Stillen und verwundert: »Wieso denn erst heute?« Schon das Sich-kennenlernen ist eine Wiederbegegnung. Doch woran mag es liegen? An den Gemeinschaften ihres Wesens? An den Zügen, darin sie sich unterscheiden? An der »richtigen« ungleichen Mischung von Gleichem und Ungleichem? Das schmeckt nach angewandter Mathematik. Es riecht nach Kolloidchemie. Lassen wir's, trotz unser beider Spott über die falschen Magier und windigen Geheimnistuer, dabei bewenden, dass der Ursprung der Freundschaft zu den schönen Geheimnissen zählte.

Wodurch Freundschaft, nach ihrer Geburt, weiterlebt, ist kein Geheimnis. Sie nährt sich von gemeinsamen Erlebnissen. Sie bleibt gesund und wächst durch gemeinsame Erinnerungen, deren Vorrat, wie beim Topf im Märchen, trotz allen Zuspruchs unaufzehrbar bleibt.

Lieber Hermann, die Weltgeschichte war uns beim Einheimsen solch gemeinsamer Erinnerungen viele Jahre finster und fatal im Wege. Gleichwohl ist es um den Märchentopf nicht schlecht bestellt, und wir werden uns, damit er nicht überläuft, bald einen größeren zulegen müssen.

Am liebsten hab ich, als Topfgucker, die kleinen Erinnerungen. Sie gleichen alten Momentaufnahmen, sechs mal neun, kurz belichtet, ein wenig unscharf und etwas verwackelt, wie man sie in Schubladen wiederfindet, hervorkramt und nachdenklich betrachtet. Da schmelzen die Jahre und Jahrzehnte wie Schnee in der Sonne. Da wird das Längstvergangene mit einem Zauberschlage Gegenwart, und alles Spätere wird Zukunft, freilich eine andere Zukunft als die von damals, wird zur Zukunft, die wir kennen! Das Nacheinander gruppiert sich zum Nebeneinander. Das Damals wird zum Jetzt, und das Danach ist unverhüllt. Ein seltsames Spiel. Der Fluss, worin alles fließt, hält behext inne …

… und wir stehen beide, Hand in Hand wie Hänsel und Gretel, in einem Redaktionszimmer des Berliner Tageblatts vor Fritz Engel, den wir, in parodierter Weh- und Demut, inständig darum bitten, seinem Rezensenten X. und dem Doktor Engel selber mitzuteilen, dass wir, obzwar jung und trotz ähnlich klingender Familiennamen, schon jetzt eigenwillig genug seien, Ihre Novellen unter dem Namen Kesten und meine Gedichte unterm Namen Kästner herauszubringen. Verwechslungen und daran anknüpfende Werturteile müssten in der künftigen Literaturgeschichtsschreibung merkliche Verwirrung stiften, und das könne doch eine Zeitung von Format unmöglich wollen …

… oder ich besuche Sie, während eines Umzugs, in der neuen Wohnung, wo die Toni und Ihre Mama und Ihre Schwester mit den Möbelräumern Schränke, Betten und Tische rücken und schieben.

Ich frage Sie, der als Feldherr zuschaut, nach dem strategischen Sinne der Schlacht. »War die frühere Wohnung denn nicht bequemer? Warum muss es denn, so fern vom neuen Westen, die Urbanstraße sein?«»Wegen meines nächsten Romans«, antworten Sie. »Ich brauche die Gegend, weil er hier spielen wird. Ich brauche die Hasenheide, Neukölln und ganz besonders das Kaufhaus am Hermannplatz!« »Dafür genügte doch ein möbliertes Zimmer!«»Nein, ich brauche ja auch meine Familie!«

… oder wir haben Joseph Roth bei Mampe an der Uhlandstraße aufgestöbert. Hier trinkt und schreibt er seit Stunden. Seine Augen sind von Kognak gerötet. Doch die letzte kalligraphische Miniaturseite des Manuskripts sieht genauso gestochen aus wie die erste. Er unterbricht die Arbeit und streicht sich, während wir plaudern, den Schnurrbart. Als noch Kiepenheuer, Landshoff und Landauer kommen, wird der Tisch zu klein, und wir gehen ins Hotel am Zoo. Dort bestellt sich Roth, zu meiner Verblüffung, eine Flasche Angostura! Er trinkt sie, indem wir reden, bis zum letzten Tropfen leer und wirkt, nach wie vor, nüchtern wie ein Temperenzler. Nur die Augen wölben sich vor, und ihr Weiß wird immer röter. Es sind die Augen der unheilbaren Trinker. Später einmal wird er die »Legende vom heiligen Trinker« schreiben und kurz darauf den vorgezeichneten, den gleichen Tod sterben …

… oder wir sitzen eines Sonntagvormittags in einer Parkettloge des Theaters am Schiffbauerdamm. Anlässlich einer Uraufführung. Man spielt ein Stück mit dem Titel »Wohnungsnot oder die heilige Familie«, und der Autor heißt Hermann Kesten. Es wird schlimm und immer schlimmer. Denn Maria Fein, die prachtvolle Heroine, hat ihren Text vergessen, behandelt ihr Lampenfieber, nach jedem Auftritt, in der Garderobe mit Alkohol, offenbar nicht »äußerlich«, und so bahnt sich die Katastrophe der Aufführung lange vor der Katastrophe im Drama an. Umso rascher, als einer der Zuschauer von Szene zu Szene lustiger wird und immer mehr lacht. Mir stehen die Haare zu Berge. Denn der Mann, der lacht, ist mein Nachbar, und dieser Nachbar sind Sie! Als dann gar im Parkett jemand aufspringt, Ihnen droht und empört zuruft: »Haben Sie wenigstens Respekt vor dem Autor!« – da ist es mit Ihnen völlig aus. Wir verlassen fluchtartig das Theater, um den Autor nicht länger zu kränken. Wir sind ja schließlich Kollegen von ihm …

… oder wir treffen einander, ernst und eilig, vorm Café Léon am Lehniner Platz. Zwei Tage nach dem Reichstagsbrand. Ich bin überstürzt aus der Schweiz zurückgekommen. Sie zeigen mir die Fahrkarten nach Paris. »Heute Abend fahren wir!« Und ich sage: »Müssen wir denn nicht bleiben? Wir können doch nicht alle auf und davon!« Diese kleine Erinnerung hat mich oft bis in die Träume verfolgt. Wenn Sie womöglich geblieben wären …

Die kleinen Erinnerungen. Die große Pause. Und nach dem Kriege von neuem: kleine Erinnerungen. An Monteverdis »Dido und Aeneas« im Teatro Olimpico, als Dido die Arie im Munde stecken blieb, weil eine Katze aus Palladios Kulissen zur Rampe kam und mit dem Dirigenten anbändeln wollte …

An die Omnibusreise von Paris nach Nizza, mit der obskuren Übernachtung in Lyon … An den Nachmittag mit Sperber und Breitbach im »Dôme« … An das Glatteis auf der Princess Street in Edinburgh … An die kühle Fahrt auf dem Mauleselkarren durch die lilafarbenen Rhododendrenwälder in Irland … An den Nachmittag in Rom, und Lotte wollte doch unbedingt zuerst zur Spanischen Treppe … An Hamburg, an Freiburg, an Frankfurt, und immer wieder an München … wo wir meinen Sechzigsten gefeiert haben und nun den Ihrigen feiern werden … Auf Ihr Wohl, lieber Hermann! Auf neue Erinnerungen! Und auf die alte Freundschaft!

Mit Erich Ohser in Paris
Vorwort für eine Mappe, 1963

In dieser Mappe hat es mir ein Blatt besonders angetan. Ein Blatt, worauf es vielerlei zu sehen gibt: ein Liebespaar aus dem Quartier Latin, eine Steinvase aus dem 18. Jahrhundert, eine Gouvernante, zwei gesattelte Esel, drei leere Klappstühle, die Wedel einer Fächerpalme, ein paar Vögel auf dem Kiesweg, ein Segelschiffchen im Wasserbecken, einen Jungen am Beckenrand und ein Mädchen, das eine Zeitung schützend über sich hält, weil die Sonne brennt. Man spürt, wie heiß es ist. Man sieht, wie träge sie sind, alle miteinander, die Menschen, die Luft, die Esel und sogar die drei Klappstühle. Sie begönnen zu schwitzen, wenn man sich draufsetzte.

Meine Vorliebe, mein Faible für dieses Blatt hat nichts mit Urteil und Kunstgeschmack zu tun, sondern einzig damit, dass ich, als die Zeichnung entstand, danebensaß. Erich Ohser zeichnete, und Erich Kästner schaute zu. Es war im Jardin du Luxembourg. Im Sommer 1928. Vor nunmehr vierunddreißig Jahren.

Sommer 1928 … Ein Jahr zuvor hatte es uns beide aus Leipzig nach Berlin verschlagen. Damit waren wir, ohne es zu wollen oder auch nur zu ahnen, in die schönste Zeit unseres Lebens hineingestolpert. Und nun trieben wir uns also, mit wenig Geld und großen Augen, für ein paar Wochen in Paris herum. Was kostete die Welt? Sie schien nicht billig zu sein. Aber wir wollten sie ja gar nicht kaufen, sondern nur betrachten! Das allerdings besorgten wir gründlich.

Wir wohnten in einem billigen, kleinen Hotel am Bahnhof St-Lazare, in der Rue d'Edinbourgh. Hier waren die harten Salami- und Cervelatwürste deponiert, die wir aus Berlin mitgeschleppt hatten und über die wir während der knappen Marschpausen hungrig herfielen. Wir lebten wie die Wanderburschen, und wir waren ja auch welche! Von morgens bis in die Nacht trabten wir kreuz und quer durch die wundervolle Stadt, über die Boulevards zum Bois, von der Place du Tertre zum Café du Dôme und zur Coupole, von der Madeleine zur Place de la Bastille, von den Markthallen zu den Bouquinisten, und kein Winkel konnte sich vor uns verstecken.

Wir fanden ja nicht nur die Sehenswürdigkeiten sehenswürdig, nicht nur die Isle und den Louvre, nicht nur Trianon und Fontainebleau! Es war keine Kavaliersreise, und Paris war nicht nur ein aus Museen bestehendes Museum! Ein pittoresker Schornstein, eine hinfällige Gaslaterne, ein Harfenspieler und ein Rummelplatz waren uns nicht weniger recht.

Unsere Neugier war ein Verlangen wie Hunger und Durst und kaum zu stillen. Sie wurde nicht müde. Schon gar nicht zur Schlafenszeit, wenn der Nachthimmel über Paris rot wurde. Nein, wir gingen nicht mit den Hühnern zu Bett. (Auch nicht mit den französischen, die man »poules« nennt.) Wir hielten auch nachts die Augen offen.

Wir saßen im »Moulin de la Galette« und schauten der kleinbürgerlichen Großstadtjugend zu, wie sie zur Blasmusik Walzer und Twostep tanzte, oft genug die Mauerblümchen miteinander und auch die jungen Burschen paarweise. Wir hockten im weltberühm- 19 ten »Lido« an der Bar, zählten heimlich unser Geld und freuten uns über das freche und snobistische Durcheinander, hier der Swimmingpool mit Badenixen und Gummitieren, dort die Maharadschas und Fracks und Pariser Modellkleider beim nächtlichen Champagnerfrühstück.

Ein andermal gerieten wir, in irgendeiner dunklen Seitenstraße, unversehens in ein Lokal mit splitterfasernackter Damenbedienung. Es handelte sich um etwa zwei Dutzend ziemlich hübscher Mädchen in allen Haut- und Haarfarben […], und alle bemühten sich aufs Ungezwungenste um ihre Gäste. Es war eine weibliche Völkerschau auf vollen Touren. Wir kamen uns vor wie in einer Hafenkneipe von Hongkong oder Port Said, und in unserer Runde fehlte eigentlich nur noch ein dritter Sachse, der Vollmatrose Ringelnatz, mit einem Glase Wein und einem hanebüchenen Kuddeldaddeldu-Gesicht.

Die gleiche Nacht hatte ein weiteres »sündhaftes« Abenteuer in petto. Auf dem Rückmarsch ins Hotel überredete uns, an der Place de la Concorde, ein radebrechender Levantiner, eine Fotoserie zu erwerben. Er tat sehr verrucht und geheimnisvoll. Und er hatte wohl auch recht damit. Denn das Sammelwerk hieß »Les vingtquatre positions«! Das Geschäft kam zustande. Der Mann verschwand im Dunkeln. Ohser trat unter einen Kandelaber, um, bei dessen Schimmer, so schnell wie möglich unvermutete Bildungslücken zu beseitigen, betrachtete die Fotos und brach in schallendes Gelächter aus. Der Levantiner hatte uns vierundzwanzig Posen und Phasen eines Ringkampfes zweier dicker Männer vom Rummelplatz angedreht!

Das war, wie gesagt, im Jahre 1928. Seitdem ist, weiß der Himmel, viel geschehen. Aber Erich Ohsers jungenhaftes Lachen, das klingt mir noch heute im Ohr. Und nicht nur jenes Lachen unterm Kandelaber in Paris ...

Max und sein Frack

So sehr es meiner natürlichen Bescheidenheit zuwider ist, muss ich mit einer protzigen Behauptung beginnen, nämlich: Einer meiner Freunde, namens Max, hatte einen Frack. Nun ist zwar statistisch einwandfrei erwiesen, dass der Student nicht einmal ein Mittagessen nötig hat. Aber gar einen Frack? Soll er dies elegante Kleidungsstück dadurch beleidigen, dass er es anlegt? – Nein, ein Frack, den man hat, ist entbehrlicher als ein deutsches Beefsteak, das man nicht hat. Und so ging dieser Frack meinem Freunde Max so lange im Kopfe herum, bis er eine Idee hatte. Der Weg von dieser Idee zu ihrer Verwirklichung führte über, oder besser in das Leihhaus. Fracklos, wie Max nun dastand, kehrte er der feinen Welt den Rücken und, mit 3000 Mark begütert, wandte er sich dem bürgerlichen Mittagstisch zu. Das Geld reichte von Anfang November bis Mitte Januar, tatsächlich.

Vorgestern erzählte er mir, er brauche für die Dauer von 4 Stunden 3500 Mark, um den Frack einzulösen. Schließlich borgte ihm auch unser Institutsdiener das erwünschte Geld. Max war von seiner Kredittüchtigkeit überrascht und versprach, mir 1000 Mark zu borgen (wir nennen das immer »borgen«), wenn ich vor dem Leihhaus warten wolle.

Ich wartete vor dem Leihhaus auf Max. Elastischen Schrittes kam er endlich zurück und trug seinen Frack, sorgfältig gefaltet, über dem linken Unterarm. »So«, sagte er, »erledigt! 3000 Mark Einsatz und 500 Mark Gebühren. Das Geld ist alle. – Und nun – nimmst Du den Frack und trägst ihn wieder hinauf.«

Nachdem ich aus einer tiefen Ohnmacht wieder zu mir gekommen war, trug ich den Frack hinauf und erhielt (noch zittern mir die Knie) – 15 000 M.

Max wartete unten. Wortlos reichte ich ihm das Bündel Geld. Er zählte nach und rechnete vor: »3500 M. dem Institutsdiener, 1000 M. Dir; da bleiben 11 500 M., ja. Damit reiche ich wieder drei Monate. Und dann pumpen wir wieder jemanden für 4 Stunden an. Aber dann holst Du den Frack herunter und ich schaffe ihn hinauf.«

Mir traten Tränen der Bewunderung in die Augen; ich sank vor ihm in die Knie und stammelte nur: »Maximilian, Du bist ein Genie.« Er hob mich gerührt auf. Und dann tranken wir je eine Tasse Milchkaffee; kostete 500 Mark; bleiben noch – 11 000 Mark. Jawohl.

In der Heimat beigesetzt
Einem anderen gefallenen Freund

Grau war der Tag – und der Regen rann –
da haben wir ihn begraben. –
Das Regiment stellt[e] zwanzig Mann,
die hatten den Sarg zu tragen.

Die trugen ihn durch das sterbende Land,
durch des Dorfes verwinkelte Gassen
nach dem Kirchhof draußen im Heidesand,
der lag vergessen, verlassen. –

Und als dann der Sarg in die Tiefe glitt,
hub der Kantor an zu singen.
Die alten Weiber, die sangen mit,
– ein Lied von den letzten Dingen. –

Auch Abordnungen waren geschickt
von Schwimm- und Turnvereinen.
– Und die Eltern standen beiseite – gebückt –
und konnten nicht mehr weinen.

24

Der Pastor, der »unabkömmlich« war,
der sollte die Eltern trösten.
Vom Vaterland sprach er und dessen Gefahr
und vom Sohn, dem nun Glücklich-Erlösten;

der spiele im Himmel jetzt täglich Skat,
und freitags – wär Kegelschieben.
Und er gäbe ihnen den guten Rat,
sich nicht weiter zu betrüben.

Und als der Herr Pastor sein Sprüchlein gesagt,
da ging es dann schnell zu Ende. –
Wir reichten den beiden Alten – verzagt
und mit Tränen – noch einmal die Hände, –

und gingen hinweg, – und der Regen rann
durch die kahlen Kirchhofslinden.
Ich schritt durch den Regen – und sann – und sann –
und konnte das Ende nicht finden.

Ein ungefähr Achtjähriger
und seine Freunde

Auch vor fünfzig Jahren hatte der Tag nur vierundzwanzig Stunden, und zehn davon musste ich schlafen. Die restliche Zeit war ausgefüllt wie der Terminkalender eines Generaldirektors. Ich lief in die Tieckstraße und lernte. Ich ging in die Alaunstraße und turnte. Ich saß in der Küche und machte meine Schularbeiten, wobei ich achtgab, dass die Kartoffeln nicht überkochten. Ich aß mittags mit meiner Mutter, abends mit beiden Eltern und musste lernen, die Gabel in die linke und das Messer in die rechte Hand zu nehmen. Das hatte seine Schwierigkeiten, denn ich war und bin ein Linkshänder. Ich holte ein und musste lange warten, bis ich an die Reihe kam, weil ich ein kleiner Junge war und mich nicht vordrängte. Ich begleitete die Mama in die Stadt und musste neben ihr an vielen Schaufenstern stehen bleiben, deren Auslagen mich ganz und gar nicht interessierten. Ich spielte mit Försters Fritz und Großhennigs Erna in diesem oder jenem Hinterhof. Ich spielte mit ihnen und Kießlings Gustav am Rande des Hellers, zwischen Kiefern, Sand und Heidekraut, Räuber und Gendarm oder Trapper und Indianer. Ich unterstützte, am Bischofsplatz, die Königsbrücker Bande gegen die gefürchtete Hechtbande, eine Horde kampflustiger Flegel aus der Hechtstraße. Und ich las. Und las. Und las.

Erwachsene brächten so viel nicht zustande. […]

Der Weg zum Heller, wo wir im Sommer spielten, war nicht weit, und doch war es, aus dem Wirrwarr der Straßen heraus, der Weg in eine andere Welt. Wir pflückten Blaubeeren. Das Heidekraut duftete. Die Wipfel der Kiefern bewegten sich lautlos. Der müde Wind trug, aus der Militärbäckerei, den Geruch von frischem, noch warmem Kommissbrot zu uns herüber. Manchmal ratterte der Bummelzug nach Klotzsche über die Gleise. Oder zwei bewaffnete Soldaten brachten einen Trupp verdrossener Häftlinge vom Arbeitskommando ins Militärgefängnis zurück. Sie trugen Drillich, hatten an der Mütze keine Kokarden, und unter ihren Knobelbechern knirschte der Sand.

Wir sahen, wie sie die Bahnüberführung kreuzten und im Gefängnis verschwanden. Manche Zellenfenster waren vergittert, andre mit dunkelbraunem Bretterholz so vernagelt, dass nur von oben ein bisschen Tageslicht in die Zellen sickern konnte. Hinter den verschalten Fenstern, hatten wir gehört, hockten die Schwerverbrecher. Sie sahen die Sonne nicht, die Kiefern nicht und auch uns nicht, die vom Indianerspiel ermüdeten Kinder im blühenden Heidekraut. Aber sie hörten es wie wir, wenn am Bahnwärterhäuschen das Zugsignal läutete. Was mochten sie verbrochen haben? Wir wussten es nicht. – Die Glöckchen der Erikablüten und das Kommissbrot dufteten. Das Zugsignal läutete. Der Bahnwärter, der seine Blumen gegossen hatte, setzte die Dienstmütze auf und erwartete, in strammer Haltung, den nächsten Zug. Der Zug schnaufte vorbei. Wir winkten, bis er in der Kurve verschwand. Dann gingen wir nach Hause. Zurück in unsere Mietskasernen. Die Eltern, die Königsbrücker Straße und das Abendbrot warteten schon.

Sonst spielten wir in den Hinterhöfen, turnten an den Teppichstangen und ließen uns, aus den Küchenfenstern, die Vesperbrote herunterwerfen. Es war wie im Märchen, wenn sie, in Papier gewickelt, durch die Luft trudelten und auf dem Hofpflaster aufklatschten. Es war, als fiele Manna vom Himmel, obwohl es Brote mit Leberwurst und Schweineschmalz waren. Ach, wie sie schmeckten! Nie im Leben hab ich etwas Besseres gegessen, nicht im Baur au Lac in Zürich und nicht im Hotel Ritz in London. Und es hülfe wohl auch nichts, wenn ich künftig den Chefkoch bäte, mir die getrüffelte Gänseleberpastete aus dem Fenster auf die Hotelterrasse zu werfen. Denn sogar wenn er es, gegen ein beträchtliches Trinkgeld, täte – Brote mit Schweineschmalz wären es deshalb noch lange nicht.

Bei Regen spielten wir im Hausflur oder, über Fleischer Kießlings Pferdestall, auf dem Futterboden, wo es nach Häcksel, Heu und Kleie roch. Oder wir enterten den Lieferwagen, knallten mit der Peitsche und jagten ratternd und rumpelnd über die Prärie. Oder wir plauderten mit dem stampfenden Pferd im Stall. Manchmal besuchten wir auch Gustavs Vater, den Herrn Fleischermeister, im Schlachthaus, wo er mit dem Gesellen zwischen hölzernen Mulden, Schweinsdärmen und Wurstkesseln hantierte. Wir bevorzugten die Freitage. Da wurde frische Blut- und Leberwurst gekocht, gerührt und abgefasst, und wir durften sachverständig kosten. Unser Sachverständnis war über jeden Zweifel erhaben. Auch auf dem Spezialgebiet »Warme Knoblauchwurst«.

Noch jetzt, an meiner Schreibmaschine, läuft mir das Wasser im Munde zusammen. Aber das hilft mir nichts. Es gibt keine warme

Knoblauchwurst mehr. Sie ist ausgestorben. Auch in Sachsen. Vielleicht haben sich die Fleischermeister meiner Kindheit mit dem Rezept im Bratenrock begraben lassen? Das wäre ein schwerer Verlust für die Kulturwelt.

Eine Zeitlang frönte ich dem Billardspiel. Der Vater eines Schulkameraden hatte, in der Nähe des Johannstädter Ufers, eine Gastwirtschaft. Nachmittags war sie leer, der Vater machte oben in der Wohnung sein Schläfchen, und nur die Kellnerin passte auf, ob womöglich doch ein verirrter und durstiger Wanderer einträte. Sie spülte hinter der Theke Gläser, machte uns Zuckerbier oder einfaches Bier mit Himbeersaft zurecht, stiftete jedem von uns beiden einen langen Holzlöffel zum Umrühren, und dann zogen wir uns dezent ins Vereinszimmer zurück! Hier stand ein Billard!

Wir hängten unsere Jacken über Stühle, denn die Haken am Garderobenständer waren für uns zu hoch. Wir suchten uns an der Wand die kleinsten Billardstöcke aus und stellten uns beim Einkreiden auf die Zehenspitzen. Denn die Queues waren zu lang, und zu dick und zu schwer waren sie außerdem. Es war ein mühsames Geschäft. Das Billard war zu hoch und zu breit. Die Elfenbeinkugeln kamen nicht richtig in Fahrt. Bei raffinierten Effetstößen lagen wir mit dem Bauch auf dem Brett, und unsere Beine zappelten in der Luft. Wer das Resultat auf die Schiefertafel schreiben wollte, musste auf einen Stuhl steigen. Wir quälten uns wie Gulliver im Lande der Riesen ab, und eigentlich hätten wir über uns lachen sollen. Doch wir lachten keineswegs, sondern benahmen und bewegten uns ernst und gemessen, wie erwachsene Männer beim Turnier um die

Mitteldeutsche Billardmeisterschaft. Dieser Ernst machte uns sehr viel Spaß.

Bis wir eines Tages ein Loch in das grüne Tuch stießen! Ich weiß nicht mehr, wer der Pechvogel war, ob er oder ich, doch dass ein großer dreieckiger Riss in dem kostbaren Tuche klaffte, das weiß ich noch. Ich schlich zerknirscht von dannen. Der Schulfreund erhielt, noch am gleichen Abend, von kundiger Vaterhand die erwarteten Prügel. Und mit unseren Billardturnieren samt Zuckerbier war es für alle Zeit vorbei.

Der Junge mit der Hupe taucht auf

In der Trautenaustraße, Ecke Kaiserallee, verließ der Mann im steifen Hut die Straßenbahn. Emil sah's, nahm Koffer und Blumenstrauß, sagte zu dem Herrn, der die Zeitung las: »Haben Sie nochmals verbindlichen Dank, mein Herr!« und kletterte vom Wagen.

Der Dieb ging am Vorderwagen vorbei, überquerte die Gleise und steuerte nach der anderen Seite der Straße. Dann fuhr die Bahn weiter, gab den Blick frei, und Emil bemerkte, dass der Mann unschlüssig stehen blieb und dann die Stufen zu einer Café-Terrasse hinaufschritt.

Jetzt hieß es wieder einmal vorsichtig sein. Wie ein Detektiv, der Flöhe fängt. Emil orientierte sich flink, entdeckte an der Ecke einen Zeitungskiosk und lief, so rasch er konnte, dahinter. Das Versteck war ausgezeichnet. Es lag zwischen dem Kiosk und einer Litfaßsäule. Der Junge stellte sein Gepäck hin, nahm die Mütze ab und witterte.

Der Mann hatte sich auf die Terrasse gesetzt, dicht ans Geländer, rauchte eine Zigarette und schien seelenvergnügt. Emil fand es abscheulich, dass ein Dieb überhaupt vergnügt sein kann und dass der Bestohlene betrübt sein muss, und wusste sich keinen Rat.

Was hatte es denn im Grunde für einen Sinn, dass er sich hinter einem Zeitungskiosk verbarg, als wäre er selber der Dieb und nicht der andere? Was hatte es für einen Zweck, dass er wusste, der Mann säße im Café Josty an der Kaiserallee, tränke helles Bier und rauchte

Zigaretten? Wenn der Kerl jetzt aufstand, konnte die Rennerei weitergehen. Blieb er aber, dann konnte Emil hinter dem Kiosk stehen, bis er einen langen grauen Bart kriegte. Es fehlte wirklich nur noch, dass ein Schupomann angerückt kam und sagte: Mein Sohn, du machst dich verdächtig. Los, folge mir mal unauffällig. Sonst muss ich dir leider Handschellen anlegen.

Plötzlich hupte es dicht hinter Emil! Er sprang erschrocken zur Seite, fuhr herum und sah einen Jungen stehen, der ihn auslachte.

»Na Mensch, fall nur nicht gleich vom Stühlchen«, sagte der Junge.

»Wer hat denn eben hinter mir gehupt?«, fragte Emil.

»Na Mensch, ich natürlich. Du bist wohl nicht aus Wilmersdorf, wie? Sonst wüsstest du längst, dass ich 'ne Hupe in der Hosentasche habe. Ich bin hier nämlich bekannt wie 'ne Missgeburt.«

»Ich bin aus Neustadt. Und komme gerade vom Bahnhof.«

»So, aus Neustadt? Deswegen hast du so 'nen doofen Anzug an.«

»Nimm das zurück! Sonst kleb ich dir eine, dass du scheintot hinfällst.«

»Na Mensch«, sagte der andere gutmütig, »bist du böse? Das Wetter ist mir zum Boxen zu vornehm. Aber von mir aus, bitte!«

»Verschieben wir's auf später«, erklärte Emil, »ich hab jetzt keine Zeit für so was.« Und er blickte nach dem Café hinüber, ob Grundeis noch dort säße.

»Ich dachte sogar, du hättest viel Zeit! Stellt sich mit Koffer und Blumenkohl hinter die Zeitungsbude und spielt mit sich selber Verstecken! Da muss man doch glatt zehn bis zwanzig Meter Zeit übrig haben.«

»Nein«, sagte Emil, »ich beobachte einen Dieb.«

»Was? Ich verstehe fortwährend: Dieb«, meinte der andre Junge, »wen hat er denn beklaut?«

»Mich!«, sagte Emil und war direkt stolz darauf. »In der Eisenbahn. Während ich schlief. Hundertvierzig Mark. Die sollte ich meiner Großmutter hier in Berlin geben. Dann ist er in ein andres Coupé geturnt und am Bahnhof Zoo ausgestiegen. Ich natürlich hinterher, kannst du dir denken. Dann auf die Straßenbahn. Und jetzt sitzt er drüben im Café, mit seinem steifen Hut, und ist guter Laune.«

»Na Mensch, das ist ja großartig!«, rief der Junge. »Das ist ja wie im Kino! Was willst du nun anstellen?«

»Keine Ahnung. Immer hinterher. Weiter weiß ich vorderhand nichts.«

»Sag's doch dem Schupo dort. Der nimmt ihn hopp.«

»Ich mag nicht. Ich habe bei uns in Neustadt was ausgefressen. Da sind sie nun vielleicht scharf auf mich. Und wenn ich ...«

»Verstehe, Mensch!«

»Und am Bahnhof Friedrichstraße wartet meine Großmutter.«

Der Junge mit der Hupe dachte ein Weilchen nach. Dann sagte er: »Also, ich finde die Sache mit dem Dieb knorke. Ganz große Klasse, Ehrenwort! Und, Mensch, wenn du nischt dagegen hast, helfe ich dir.«

»Da wär ich dir kolossal dankbar!«

»Quatsch nicht, Krause! Das ist doch klar, dass ich hier mitmache. Ich heiße Gustav.«

»Und ich Emil.«

Sie gaben sich die Hand und gefielen einander ausgezeichnet. 33

»Nun aber los«, sagte Gustav, »wenn wir hier nichts weiter machen als rumstehen, geht uns der Schuft durch die Lappen. Hast du noch etwas Geld?«

»Keinen Sechser.«

Gustav hupte leise, um sein Denken anzuregen. Es half nichts.

»Wie wäre denn das«, fragte Emil, »wenn du noch ein paar Freunde herholtest?«

»Mensch, die Idee ist hervorragend!«, rief Gustav begeistert. »Das mach ich! Ich brauch bloß mal durch die Höfe zu sausen und zu hupen, gleich ist der Laden voll.«

»Tu das mal!«, riet Emil. »Aber komme bald wieder. Sonst läuft der Kerl da drüben weg. Und da muss ich selbstverständlich hinterher. Und wenn du wiederkommst, bin ich über alle Berge.«

»Klar, Mensch! Ich mache schnell! Verlass dich drauf. Übrigens isst der Mausehaken im Café Josty drüben Eier im Glas und solche Sachen. Der bleibt noch 'ne Weile. Also, Wiedersehen, Emil! Mensch, ich freu mich noch halb dämlich. Das wird eine tolle Kiste!« Und damit fegte er fort.

Emil fühlte sich wunderbar erleichtert. Denn Pech bleibt nun zwar auf alle Fälle Pech. Aber ein paar Kameraden zu haben, die freiwillig mit von der Partie sind, das ist kein kleiner Trost.

Er behielt den Dieb scharf im Auge, der sich's – wahrscheinlich noch dazu von Mutters Erspartem – gut schmecken ließ, und hatte nur eine Angst: dass der Lump dort aufstehen und fortlaufen könne. Dann waren Gustav und die Hupe und alles umsonst.

Aber Herr Grundeis tat ihm den Gefallen und blieb. Wenn er freilich von der Verschwörung etwas geahnt hätte, die sich über ihm wie ein Sack zusammenzog, dann hätte er sich mindestens ein Flugzeug bestellt. Denn nun wurde die Sache langsam brenzlich ...

Zehn Minuten später hörte Emil die Hupe wieder. Er drehte sich um und sah, wie mindestens zwei Dutzend Jungen, Gustav allen voran, die Trautenaustraße heraufmarschiert kamen.

»Das Ganze halt! Na, was sagst du nun?«, fragte Gustav und strahlte übers ganze Gesicht.

»Ich bin gerührt«, sagte Emil und stieß Gustav vor Wonne in die Seite.

»Also, meine Herrschaften! Das hier ist Emil aus Neustadt. Das andre hab ich euch schon erzählt. Dort drüben sitzt der Schweinehund, der ihm das Geld geklaut hat. Der rechts an der Kante, mit der schwarzen Melone auf dem Dach. Wenn wir den Bruder entwischen lassen, nennen wir uns alle von morgen ab nur noch Moritz. Verstanden?«

»Aber Gustav, den kriegen wir doch!«, sagte ein Junge mit einer Hornbrille.

»Das ist der Professor«, erläuterte Gustav. Und Emil gab ihm die Hand.

Dann wurde ihm, der Reihe nach, die ganze Bande vorgestellt.

»So«, sagte der Professor, »nun wollen wir mal auf den Akzelerator treten. Los! Erstens, Geld her!«

Jeder gab, was er besaß. Die Münzen fielen in Emils Mütze. Sogar ein Markstück war dabei. Es stammte von einem sehr kleinen Jungen, der Dienstag hieß. Er sprang vor Freude von einem Bein aufs andre und durfte das Geld zählen.

»Unser Kapital beträgt«, berichtete er den gespannten Zuhörern,

»fünf Mark und siebzig Pfennige. Das Beste wird sein, wir verteilen das Geld an drei Leute. Für den Fall, dass wir uns mal trennen müssen.«

»Sehr gut«, sagte der Professor. Er und Emil kriegten je zwei Mark. Gustav bekam eine Mark und siebzig.

»Habt vielen Dank«, sagte Emil, »wenn wir ihn haben, geb ich euch das Geld wieder. Was machen wir nun? Am liebsten würde ich erst mal meinen Koffer und die Blumen irgendwo unterbringen. Denn wenn die Rennerei losgeht, ist mir das Zeug mächtig im Wege.«

»Mensch, gib den Kram her«, meinte Gustav. »Den bring ich gleich rüber ins Café Josty, geb ihn am Büfett ab und beschnuppre bei der Gelegenheit mal den Herrn Dieb.«

»Aber mache es geschickt«, riet der Professor. »Der Halunke braucht nicht zu merken, dass ihm Detektive auf der Spur sind. Denn das würde die Verfolgung erschweren.«

»Hältst du mich für dusslig?«, knurrte Gustav und schob ab …

»Ein feines Fotografiergesicht hat der Herr«, sagte er, als er zurückkam. »Und die Sachen sind gut aufgehoben. Die können wir holen, wenn's uns passt.«

»Jetzt wäre es gut«, schlug Emil vor, »wenn wir einen Kriegsrat abhielten. Aber nicht hier. Das fällt zu sehr auf.«

»Wir gehen nach dem Nikolsburger Platz«, riet der Professor. »Zwei von uns bleiben hier am Zeitungskiosk und passen auf, dass der Kerl nicht durchbrennt. Fünf oder sechs stellen wir als Stafetten auf, die sofort die Nachricht durchgeben, wenn's so weit ist. Dann kommen wir im Dauerlauf zurück.«

»Lass mich nur machen, Mensch!«, rief Gustav und begann, den Nachrichtendienst zu organisieren. »Ich bleibe mit hier bei den Vorposten«, sagte er zu Emil, »mach dir keine Sorgen! Wir lassen ihn nicht fort. Und beeilt euch ein bisschen. Es ist schon ein paar Minuten nach sieben. So, und nun haut gefälligst ab!«

Er stellte die Stafetten auf. Und die anderen zogen, mit Emil und dem Professor an der Spitze, zum Nikolsburger Platz.

An Walter Trier

Lieber Walter Trier,

es klingt zwar unglaublich, dass Sie 60 Jahre alt werden; aber was hilft's? Man muss sich mit diesem absurden Gedanken vertraut machen und die Konsequenz daraus ziehen, d. h. Ihnen von ganzem Herzen gratulieren.

Wenn ich mir überlege, wie lange wir uns schon kennen und wie manche gemeinsame Arbeit wir zu Erfolgen geführt haben, so bin ich immer wieder erstaunt, wenn ich mir nachzurechnen versuche, wie wenig und wie selten wir beide eigentlich beisammen waren. Ein paar Mal bei Edith Jacobsohn, ein paar Mal in Lichterfelde bei Ihnen in dem hübschen Haus, ein paar Mal in Salzburg und einmal in London. Wollte man die Stunden und Tage zusammenrechnen, so kämen, sich über mehr als 20 Jahr erstreckende, kaum vier Wochen heraus.

Aber da sieht man wieder, wie wenig es auf die sogenannte »objektive« Zeit ankommt und wie entscheidend deren Gegenteil ist, nämlich das Gemeinsame, die trotz aller Verschiedenheit zusammenklingenden Charaktere und deren Resultat: die Sympathie.

Weiß der Teufel, wann und ob wir einander wiedersehen werden. Womöglich wird es nicht der Fall sein. Wir werden dann einander bereits 25 Jahre kennen und 30 Jahre und 35 Jahre, und trotz dieser geographischen Getrenntheit wird die Sympathie eher wachsen als nachlassen.

Das ist schon eine recht merkwürdige und geheimnisvolle Sache, noch dazu in einer Welt, die echt Geheimnisvolles kaum noch kennt. Das wär's etwa, was ich glaubte, Ihnen anlässlich Ihres 60. Geburtstags sagen zu sollen.

Im Übrigen wäre noch darauf zu verweisen, dass unsere Herren Großväter, ja Väter mit 40 Jahren nicht nur älter aussahen, sondern auch älter waren als die Menschen heutzutage mit 60. Wir sehen nicht nur länger jung aus, sondern wir sind's auch. Ich merk's an mir selber am besten und könnte Ihnen diesbezüglich Geschichten erzählen, – aber solche Geschichten gehören nicht in einen Gratulationsbrief.

Also empfangen Sie meine aufrichtigsten und herzlichsten Glückwünsche verbunden mit den Wünschen für eine höchst haltbare Gesundheit und unverwüstliche Schaffenslust.

Immer Ihr
Erich

Wiedersehen in der Villa Seeseite

Halb Korlsbüttel war am Bahnhof, um den Ferienzug zu empfangen. Der Bahnhofsplatz stand voller Leiterwagen, Kutschen, Dreiräder, Tafelwagen und Karren. Man erwartete viele Gäste und noch mehr Gepäck.

Fräulein Klotilde Seelenbinder, Haberlands altes Dienstmädchen, lehnte an der Sperre und winkte, als sie den Justizrat erblickte, mit beiden Händen. Er überragte die aus dem Zug strömenden Menschen um Haupteslänge. »Hier bin ich!«, rief sie. »Herr Justizrat! Herr Justizrat!«

»Schreien Sie nicht so, Klotilde«, sagte er und schüttelte ihr die Hand. »Lange nicht gesehen, was?«

Sie lachte. »Es waren doch nur zwei Tage.«

»Ist alles in Ordnung?«

»Das will ich meinen. Guten Tag, gnädige Frau. Wie geht's? Ein Glück, dass ich vorausgefahren bin. So ein Haus macht Arbeit. Guten Tag, Theo! Du bist blass, mein Liebling. Fehlt dir was? Und das ist sicher dein Freund Emil. Stimmt's? Guten Tag, Emil. Ich habe schon viel von dir gehört. Die Betten sind überzogen. Heute Abend gibt's Beefsteak mit Mischgemüse. Das Fleisch ist billiger als in Berlin. Ach, und das ist Pony Hütchen, Emils Kusine. Das sieht man sofort. Diese Ähnlichkeit! Hast du dein Fahrrad mitgebracht? Nein?«

Emils Großmutter hielt sich die Ohren zu. »Machen Sie 'ne Pause!«, bat sie. »Machen Sie 'ne Pause, Fräulein. Sie reden einem ja Plissee in die Ohrläppchen. Ich bin Emils Großmutter. Guten Tag, meine Liebe.«

»Nein, diese Ähnlichkeit!«, meinte Haberlands Dienstmädchen. Dann verneigte sie sich und sagte: »Klotilde Seelenbinder.«

»Ist das ein neuer Beruf?«, fragte die Großmutter.

»Nein. Ich heiße so.«

»Sie Ärmste!«, rief die Großmutter. »Gehen Sie doch mal zum Arzt. Vielleicht verschreibt Ihnen der einen anderen Namen.«

»Ist das Ihr Ernst?«, fragte Klotilde.

»Nein«, erwiderte die Großmutter. »Nein, Sie kluges Geschöpf. Ich bin fast nie ernst. Es lohnt sich zu selten.«

Dann wurden die Koffer und Taschen auf einen Tafelwagen geladen. Den Wagen hatte Klotilde vom Fuhrhalter Kröger geliehen und ein Knecht zog ihn. Emil und der Professor schoben. So ging's die Blücherstraße entlang. Die Erwachsenen und Pony spazierten hinterdrein.

Plötzlich hupte es laut. Aus einem Seitenweg bog, in voller Fahrt, ein Motorrad. Das Motorrad bremste. Krögers Knecht hielt den Wagen an und fluchte, dass die Fensterscheiben der Umgegend zitterten. Glücklicherweise fluchte er plattdeutsch.

»Nu treten Sie sich bloß nicht auf den Schlips!«, rief der Motorradfahrer. »Is ja alles halb so wichtig.«

Emil und der Professor guckten erstaunt hinter den Koffern vor und brüllten begeistert: »Gustav!« Sie rannten um Krögers Wagen herum und begrüßten den alten Freund.

Der legte vor Schreck sein Motorrad auf die Straße, schob die Schutzbrille hoch und sagte: »Das hätte mir gerade noch gefehlt,

Herrschaften! Dass ich meine zwei besten Freunde zerquetscht hätte! Eigentlich wollten wir euch nämlich von der Bahn abholen.«

»Gegen sein Schicksal kann keiner an«, behauptete eine Stimme aus dem Straßengraben.

Gustav blickte erschrocken auf sein Rad. »Aber wo ist denn der kleine Dienstag?«, rief er. »Er saß doch eben noch hinter mir!«

Sie blickten in den Straßengraben. Dort hockte der kleine Dienstag. Passiert war ihm nichts. Er war nur hoch im Bogen ins Gras geflogen. Er lachte den Freunden entgegen und sagte: »Die Ferien fangen ja gut an!« Dann sprang er auf und schrie: »Parole Emil!«

»Parole Emil!«, riefen sie alle vier und setzten einträchtig den Weg fort.

Die Erwachsenen folgten weit hinten. Sie hatten überhaupt nichts gemerkt.

»Dort liegt Theos Haus!«, sagte Klotilde Seelenbinder stolz und zeigte mit der Hand geradeaus.

Es war ein reizendes, altmodisches Haus. Mitten in einem Garten voller Blumen, Beete und Bäume. »Villa Seeseite« stand am Giebel.

Klotilde fuhr fort: »Was Sie links unten sehen, ist eine große gläserne Veranda. Mit Schiebefenstern. Darüber befindet sich ein offner Balkon. Für Sonnenbäder. Das Zimmer, das anschließt, habe ich für Herrn und Frau Justizrat hergerichtet. Es ist Ihnen doch recht, gnädige Frau?«

»Alles, was Sie machen, ist mir recht«, sagte die Mutter des Professors freundlich.

Das Dienstmädchen wurde rot. »Das Nebenzimmer gehört Emils Großmutter und Pony Hütchen. Die Jungens werden wir im Erdgeschoss unterbringen. Im Zimmer neben der Veranda. Im Nebenraum steht noch ein Sofa. Falls noch wer zu Besuch kommen sollte. Und ein zusammenklappbares Feldbett können wir auch noch aufschlagen. Gegessen wird in der Veranda. Bei schönem Wetter kann man natürlich auch im Garten essen. Obwohl im Freien das Essen schneller kalt wird. Aber man kann ja etwas drüberdecken.« Sie sah sich um. »Wo sind denn eigentlich die Jungens hin? Sie müssen doch vor uns angekommen sein.« […]

Hinterm Haus lag der größere Teil des Gartens. Dort stöberten die vier Jungen herum und suchten eine Garage. Für Gustavs Motorrad. Der Professor saß auf einer Bank, baumelte mit den Beinen und erklärte: »Es gibt offensichtlich zwei Möglichkeiten. Wir stellen die Maschine entweder ins Treibhaus zu den Tomaten. Oder in den Geräteschuppen.«

»Im Treibhaus ist es zu warm«, vermutete Dienstag.

Emil dachte nach. »Im Geräteschuppen liegen sicher Messer und andre scharfe Gegenstände rum. Das kann leicht über die Gummireifen gehen.«

Gustav lief zu dem Schuppen hinüber, blickte hinein und zuckte die Achseln. »Da ist nicht einmal Platz für einen Roller, geschweige denn für meine schwere Maschine.«

Der Professor lachte. »Das nennst du eine schwere Maschine?«

Gustav war beleidigt. »Ohne Führerschein gibt's keine schwerere. Mir ist sie schwer genug. Und wenn ich vorhin nicht so doll gebremst hätte, wärt ihr jetzt Knochenmehl.«

»Wir werden im Treibhaus die Heizung abstellen«, schlug Dienstag vor.

Der Professor schüttelte den Kopf. »Da bleiben doch die Tomaten grün!«

»Was glaubst du, wie egal das den Tomaten ist, ob sie grün oder rot sind!«, rief Gustav. »Is ja alles halb so wichtig!«

Da kam Pony Hütchen anspaziert.

Emil winkte ihr und fragte: »Weißt du keine Garage für Gustavs Motorrad?«

Sie blieb stehen und sah sich suchend um. Dann zeigte sie ans Ende des Gartens. »Was für ein Gebäude ist denn das dort?«

Der Professor sagte: »Das ist der sogenannte Pavillon.«

»Und wozu braucht man denselben?«, fragte das Mädchen.

»Keine Ahnung«, entgegnete der Professor.

Sie gingen zu dem Pavillon. Gustav schob sein Motorrad hinterher.

Der Pavillon war ein Glashäuschen, in dem ein weiß lackierter Tisch stand und eine grüne Gießkanne.

»Großartig!«, rief der Professor. »Die geborene Garage!«

Pony Hütchen meinte: »Wenn ich nicht wäre!« Sie öffnete die Tür. Der Schlüssel steckte. Gustav schob das Rad in den Pavillon, schloss die Tür, zog den Schlüssel ab und steckte ihn in die Tasche.

Die anderen Jungen gingen zum Haus zurück. Sie hatten Hunger. Pony Hütchen wollte ihnen folgen.

Gustav fragte: »Wie gefällt dir eigentlich meine Maschine?«

Sie blickte durch die Glaswand und musterte das Rad.

44   »Na«, fragte der Junge, »wie gefällt sie dir?«

»Untermittelprächtig«, erklärte sie. Hierauf schritt sie wie eine Königinmutter von dannen.

Gustav schaute ihr verdutzt nach. Dann nickte er seinem kleinen Motorrad freudestrahlend zu, sah beleidigt hinter Pony her und sagte zu sich selber: »Is ja alles halb so wichtig.«

Nach dem Abendessen saßen sie noch eine Weile in der Veranda und blickten in den bunt blühenden Garten hinaus.

»Hat's geschmeckt?«, fragte Klotilde schließlich neugierig.

Es herrschte selbstredend nur eine Meinung. Und als Emils Großmutter behauptete, seit ihrer Silbernen Hochzeit kein gelungeneres Beefsteak gegessen zu haben, war Fräulein Seelenbinder geradezu glücklich.

Während sie, von Pony unterstützt, abräumte, schrieb Emil eine Karte an seine Mutter. Gustav entschloss sich ebenfalls dazu, einen Gruß nach Hause zu schicken und seine glückliche Ankunft zu vermelden. Sie gaben ihre Karten dem kleinen Dienstag, der in der Pension »Sonnenblick« längst von seinen Eltern erwartet wurde. Er versprach, an der Post vorbeizugehen.

»Aber nicht nur vorbeigehen«, bat Emil. »Steck die Karten lieber in den Kasten!«

Dienstag verabschiedete sich allerseits und sagte: »Morgen nicht zu spät!« Dann verschwand er eilig.

Der Justizrat trat in die Verandatür und betrachtete den Himmel. »Die Sonne ist zwar schon untergegangen«, meinte er. »Aber wir müssen dem Meer noch guten Abend sagen, ehe wir in die Klappe gehen.«

Sie wanderten also durch den dämmrigen Erlenbruch. Nur Klotilde blieb zurück. Sie wollte das Geschirr abwaschen. […]

Als Klotilde am nächsten Morgen an die Tür klopfen wollte, hinter der die Jungen schliefen, hörte sie Gekicher. »Ihr seid schon wach?«, fragte sie und legte ein Ohr an die Tür.

»Wach ist gar kein Ausdruck«, rief der Professor und lachte.

»Wer spricht?«, fragte Gustav streng. »Wer redet mit uns, ohne sich vorzustellen?«

Das Dienstmädchen rief: »Ich bin's! Die Klotilde!«

»Aha«, sagte Emil, »das Fräulein Selbstbinder.«

»Seelenbinder«, verbesserte Klotilde ärgerlich.

»Nein, nein«, meinte Gustav. »Selbstbinder gefällt uns besser. Wir werden Sie von jetzt ab Selbstbinder nennen. Und wenn Ihnen das nicht passt, nennen wir Sie Schlips! Verstanden, Fräulein Klotilde Schlips?«

»Eine hervorragende Bezeichnung«, erklärte der Professor. (Er hatte noch immer die Angewohnheit, Zensuren zu verteilen.) »Klotilde, du heißt von jetzt ab Schlips!«

»Mit mir könnt ihr's machen«, sagte das alte Dienstmädchen düster.

»Ach so, ihr sollt frühstücken kommen! Die andern sind schon im Garten. Und jetzt geh ich.«

»Auf Wiedersehen, Schlips!«, riefen die drei. Dann spazierten sie im Gänsemarsch durch die Verandatür in den Garten hinterm Haus. Mitten auf dem Rasen war ein großer runder Tisch gedeckt. Die Eltern des Professors, Pony Hütchen und die Großmutter hatten bereits Platz genommen. Der Justizrat las die Zeitung. Die andern aber blickten dem Aufzug der Jungen reichlich fassungslos entgegen. Frau Haberland klopfte ihrem Mann leise auf die Schulter. Der Justizrat fragte:»Was gibt's denn?« Und ließ die Zeitung sinken. Dann schloss er sich dem allgemeinen Staunen an.

Der Professor und Gustav kamen im Badeanzug, Emil in seiner roten Badehose. Doch das war nicht das Auffällige.

Sondern: Der Professor hatte den Panamahut seines Vaters auf dem Kopf und schwenkte einen dicken Spazierstock. Emil hatte Ponys Sommermäntelchen umgehängt, trug ihren gelben Strohhut mit den roten Lackkirschen und hatte einen bunt gestreiften Sonnenschirm aufgespannt, den er, wie eine leicht verrückte Dame, hochnäsig über den Rasen balancierte. Gustav sah am abnormsten aus. Er hatte das Kapotthütchen von Emils Großmutter aufgesetzt und es mit den schwarzseidenen Kreuzbändern unterm Kinn festgebunden. So fest, dass er den Mund kaum aufkriegte. Vor den Augen trug er seine Motorradbrille. In der einen Hand schwenkte er zierlich Ponys Handtäschchen. In der anderen schleppte er einen Koffer.

Die drei Jungen verzogen keine Miene und setzten sich wortlos in ihre Korbstühle. Dann schlug der Professor mit dem Kaffeelöffel an seine Tasse. Und wie aus einem Munde riefen sie plötzlich:»Guten Abend, die Herrschaften!«

»Die armen Kleinen haben den Sonnenstich«, sagte der Justizrat. »Und das am zweiten Ferientag. Welch ein Jammer!« Dann griff er wieder zu seiner Zeitung.

»Man sollte den Arzt holen«, meinte Pony. »Wehe euch, wenn ihr meine Handtasche dreckig macht!«

Gustav drehte sich um und rief: »Kellner! Bedienung! Ist das nun eine Kneipe oder ist das nun keine Kneipe?« Dann band er rasch die Hutbänder auf. Er wäre fast erstickt. »Den nächsten Kompotthut kauf ich bei einer andern Schneiderin«, knurrte er. »Das Biest sitzt ja an keiner Ecke und Kante!«

Klotilde kam aus der Villa und brachte frischen Kaffee.

»Da haben wir's«, sagte der Professor. »Natürlich wieder Fräulein Klotilde Schlips. Immer dieselben, immer dieselben!« Das Dienstmädchen goss Kaffee ein, setzte die Kanne auf den Tisch und fragte weinerlich: »Muss ich mir eigentlich gefallen lassen, dass man mich Schlips nennt?«

»Wieso denn Schlips?«, erkundigte sich Frau Haberland.

»Unter Seelenbinder können wir uns nichts vorstellen«, meinte Emil.

»Darum wollten wir sie Selbstbinder nennen«, erklärte der Professor. »Aber das war ihr nicht fein genug.«

Gustav kaute und brummte: »Deswegen haben wir sie Schlips getauft. Andre Leute wären froh, wenn sie Schlips hießen. Mein Sportlehrer heißt Philipp Ochse. Wenn der irgendwo eingeladen ist und seinen Namen sagt, kann er gleich wieder abhauen. Die Leute lachen ja doch bloß.«

»Wie so ein Ochse sich freute, wenn er Schlips hieße«, behauptete Emil.

Klotilde Seelenbinder sagte gar nichts mehr, sondern kehrte stumm ins Haus zurück.

Pony sah zur Großmutter hinüber. »Was fehlt denn den Jungens? Ist es was Schlimmes?«

»Bewahre«, sagte die Großmutter. »Eine ganz normale Krank-heit. Man nennt sie die Flegeljahre.«

Der Justizrat nickte. »Ich kenne die Krankheit aus Erfahrung. Ich habe sie früher auch einmal gehabt.«

Die Reisen des Amfortas Kluge
Fünf Minuten Nordpol

Anmerkung der Redaktion: Amfortas Kluge ist ein junger, hoff-
nungsvoller Schriftsteller. Wir merkten es sofort, als er unsere
Räume betrat, und es musste uns daran liegen, ihn als Mitarbei-
ter zu gewinnen. Da er darüber Klage führte, wie bedeutsam
und wie schwierig zugleich der Erwerb lebendiger Erfahrung
für den werdenden Autor sei, erkannten wir die Möglichkeit, ihm und uns zu nützen. Wir stellten ihm einen vorzüg-
lichen Globus und andere zu einer Weltreise erforderlichen
Mittel zur Verfügung, woraufhin er sich eilends entfernte.
Zuvor verpflichtete er sich, uns eine größere Serie abenteuer-
licher Reiseaufsätze zu liefern, deren ersten wir anschließend
abdrucken.

Der Chefredakteur hatte flüchtig von einem Zeitungskiosk gesprochen, den der Verlag am Kongoknie besitze. Ich orientierte mich
also auf meinem Globus, was der Kongo sei und wo er fließe, kaufte
mir einen Tropenhelm, ein Lüsterjackett und eine Feldflasche und
begab mich zum Bahnhof. Fahrpläne und Frauen sind die größten
Rätsel, die es gibt. – Zum Glück führte der Zufall meinen Freund
Bobby an mir vorüber, der mir auf die Schulter schlug und fragte,
wohin ich reise. Ich bat ihn nachzusehen, wann der nächste Zug
nach dem Kongo abginge. Er prüfte die Anschläge gewissenhaft

und fand, dass ich vor Mitternacht nicht fahren könne. Außerdem müsse ich zweimal umsteigen.

Als er meine Ungeduld bemerkte, kam ihm eine Idee: »Weißt du was, Amfortas? Ich bringe dich mit meinem Flugzeug hin.« Ich erklärte mich einverstanden, und wir fuhren nach dem Flugplatz. – Eine Stunde später schwammen wir schon in den Lüften, wobei mir zunächst ziemlich übel war. Dann wurde es dunkel.

Am nächsten Morgen blickte ich interessiert auf die Erde hinunter, aber außer einigen Wiesen und Feldern gab es nichts Rechtes zu sehen. Doch gegen Mittag meinte Bobby, während er sich lächelnd nach mir umwandte: »Das Mittelmeer!« Ich steckte ihm ein Praliné in den Mund und suchte die Wüste Sahara. Aber das Mittelländische Meer kannte kein Aufhören. Schließlich wurde ich ärgerlich und beugte mich so weit aus der Kabine, dass ich den Tropenhelm verlor. Tief unten in der unabsehbaren Wasserwüste schwamm ein großer weißer Fleck. Bobby senkte den Apparat so tief, bis wir sahen, dass es sich um einen immensen Eisberg handelte. Kopfschüttelnd stiegen wir wieder höher. Nach vielen Stunden kam endlich Land in Sicht: weite weiße Flächen.

Da drehte sich Bobby wieder um und sagte: »Amfortas, sei mir nicht bös, aber ich glaube, mein Kompass geht falsch. – Das dort unten ist ganz sicher Grönland.« Erst wollte ich grob werden, dann rief ich: »Das ist nun schon alles gleich! Fahren wir ein wenig nach dem Nordpol!« Er nickte nur und schaltete die doppelte Übersetzung ein.

In dieser Nacht konnte ich vor Nervosität kaum schlafen. Welch kühner Entschluss, den Nordpol zu entdecken!

Am Morgen des zweiten Tages sahen wir ein Schiff im Eis. Weil Bobby erklärte, er kriegte den Krampf in die Finger, wenn er das Steuer noch länger halten müsse, schlug ich ihm vor, für kurze Zeit auf dem Schiff zu landen. Er tat wie ihm geheißen. – Das Schiff nannte sich »Frama« und beherbergte bereits ein anderes Flugzeug, das – wie sich herausstellte – einem Herrn Amundsen gehörte. Er erzählte, dass er soeben von einer Tournee nach dem Nordpol käme, aber nicht dort gewesen sei. Dann tranken wir in der Kapitänskajüte Kaffee, ließen uns vom Schiffskoch ein paar Brötchen einwickeln, bedankten uns herzlich und stiegen wieder in unser Flugzeug. Herr Amundsen wollte mir seinen Gehpelz aufdrängen. Mein Lüsterjackett sei ungeeignet. Aber ich lehnte ab. Bobby erkundigte sich noch rasch nach der Fahrtrichtung; der Kapitän zeigte mit der Hand und rief: »Und dann immer geradeaus!«

Gegen Mittag fuhren wir so hoch, dass wir erkennen konnten, wie rund die Erde tatsächlich ist. Bobby machte mich aufmerksam: »Amfortas, siehst du dort die platte Stelle? Das muss der Nordpol sein!« Ich überzeugte mich von der Richtigkeit seiner Beobachtung und sagte: »Dort hinten geht es wieder bergab. Das ist sicher bereits die andere Erdhälfte!« Bobby drückte auf das Tiefensteuer.

Dann landeten wir auf der erwähnten platten Stelle, sprangen munter aus der Maschine und standen – am Nordpol. Es war ein erhabener Augenblick. Bobby sagte: »So eine Stille hier, was?« Ich gab ihm recht. – Wohin man blickte, ja selbst dort, wohin man nicht blickte: Überall lag Eis und Schnee. Ein prachtvoller Anblick! Fast wie in den Alpen! Und wir bedauerten, die Schlittschuhe nicht mitgenommen zu haben. –

Übrigens, die Temperatur war gar nicht so ungewöhnlich, wie man sich das wohl vorstellt. Nach ein paar Kniebeugen wurde uns wieder ganz gemütlich zumute. Leider konnten wir die Erdachse nicht finden. Doch das mochte an dem dicken Eis liegen. Auf die Rückseite seiner Geschäftskarte schrieben wir Datum und Adresse und befestigten die Karte und Bobbys kariertes Taschentuch an meinem Spazierstock, den wir in eine Spalte bohrten. Mittlerweile hatten sich verschiedene Tiere in unsere Nähe gewagt: Mehrere Eisbären (ganz wunderbare Bettvorleger!), ein Rudel Polarfüchse, die ganz abscheulich bellten, und ein reizender Schwarm von Pinguinen. Sie beschnupperten das Flugzeug, leckten das Schmieröl ab und fraßen mir ein Pfund Würfelzucker aus der Hand, wobei ihnen Tränen der Dankbarkeit in die klugen Augen traten. Bobby störte mich in dieser Tätigkeit, weil er Durst hatte. Ich reichte ihm die Feldflasche, streichelte den größten Eisbären, schwang mich auf seinen zottigen Rücken und ließ ihn ein wenig um den Spazierstock traben. Bobby störte mich von neuem, weil die Flasche leer war. Ich hatte in der Eile vergessen, sie füllen zu lassen. Daraufhin lutschten wir kleine Eisstückchen, von denen Bobby Zahnschmerzen bekam.

»Amfortas«, murmelte er, »das Beste wird sein, wir fahren wieder nach Hause.« Ich erklärte mich einverstanden; denn mir war gänzlich unklar, wie man sich am Nordpol die Zeit vertreiben könnte.

Man ist den ungewöhnlichsten Situationen in den seltensten Fällen gewachsen.

Bobby warf den Propeller an, hauchte sich schnell noch einmal in die Hände; wir stiegen ein – aber die Maschine blieb stehen. Er kletterte wieder herunter und fand die Räder eingefroren. Da half kein Rütteln. – Dann fragte Bobby: »Hast du zufällig einen Strick bei dir?«

Es gehört zu meinen stehenden Gewohnheiten, stets eine Rolle Strick einstecken zu haben. Weil einer meiner Lehrer immer sagte, Strick, ein Taschenmesser und eine Schachtel Streichhölzer seien das, was den Mann von den Frauen unterscheide.

Ich holte also die Rolle Strick aus der Tasche; Bobby schnitt sie in eine größere Zahl kleinerer Stücke, winkte die Pinguine herbei und band jedem eine der Leinen um den Hals. Die freien Enden knüpften wir sorgfältig an dem Flugzeug fest. Als wir wieder im Apparat saßen, schnalzte Bobby laut mit der Zunge, schrie »hühhott!«, bis die Vögel endlich begriffen, worum es sich handelte. Sie breiteten die Flügelchen aus, schwangen sich hoch und rissen bei dieser Gelegenheit die Maschine aus dem Eis.

Wir stiegen hoch. Die Polarfüchse bellten zum Abschied. –

Diese Rückfahrt war herrlich, und ich bedauerte, dass uns der Durst gezwungen hatte, den Nordpol so bald zu verlassen. Ohne Unterbrechung fuhren wir bis Kopenhagen. In einem Café an der Langen Linie erholten wir uns von den Strapazen der Reise.

Es mag komisch ausgesehen haben, wie wir zwei durch die belebten Straßen dieser schönen Stadt spazierten! Ich, Amfortas Kluge, im Lüsterjackett, die Feldflasche um den Leib gegürtet; mein Freund Bobby mit der Autobrille auf der Stirn und an zahllosen Leinen etliche Dutzende von Pinguinen, die vor uns herwatschelten und zuweilen neugierig und erstaunt vor den Schaufenstern stehen blieben …

Labude

Obwohl Fabian sehr leise aufschloss, empfing ihn Frau Hohlfeld im Korridor. Sie trug, weil es Abend war, einen Morgenrock und war außerordentlich aufgeregt. »Ich habe meine Tür offen gelassen, um Sie zu hören«, sagte sie. »Die Kriminalpolizei war da. Man wollte Sie holen.«

»Die Kriminalpolizei?«, fragte er überrascht. »Wann war sie da?«

»Vor drei Stunden, und vor einer Stunde wieder. Sie sollen sich unverzüglich melden. Ich habe natürlich erzählt, dass Sie in der vorigen Nacht nicht zu Hause waren und dass Fräulein Battenberg gestern, ohne ein Wort zu sagen, das Zimmer geräumt hat und verschwunden ist.« Die Witwe wollte einen Schritt näherkommen, stattdessen trat sie einen Schritt zurück. »Es ist furchtbar«, flüsterte sie ergriffen, »was haben Sie da angestellt?«

»Liebe Frau Hohlfeld«, antwortete er. »Ihre Fantasie hat die Motten. Das möchte Ihnen passen, ein kleines Liebesdrama mit letalem Ausgang, wie? Frau Hohlfeld als Zeugin in Trauerkleidung, Ihre beiden Untermieter in allen Zeitungen abgebildet, der Mörder Fabian auf der Anklagebank, bilden Sie sich keine Schwachheiten ein!«

»Nun«, sagte sie, »mich geht es ja nichts an.« Seine Verstocktheit kränkte sie tief. Zwei Jahre wohnte dieser Mensch bei ihr, hatte sie ihn nicht wie ihren Sohn gehegt und gepflegt? Und jetzt hielt er es nicht einmal für nötig, sein Herz auszuschütten.

»Wo soll ich mich melden?«, fragte er.

Sie gab ihm einen Zettel.

Er las die Adresse.

»Da haben wir's«, sagte sie triumphierend. »Warum sind Sie denn so blass geworden?«

Er riss die Tür auf und jagte die Treppe hinunter. Am Nürnberger Platz hielt er ein Auto an, nannte die Adresse und sagte: »Fahren Sie, so schnell Sie können!« Der Wagen war alt und gebrechlich und holperte sogar auf dem Asphalt. Fabian zerrte das Schiebefenster auf: »Fahren Sie doch schneller!«, rief er. Dann versuchte er zu rauchen, aber seine Hand zitterte, und der Wind blies ihm die brennenden Streichhölzer aus. Er lehnte sich zurück und schloss die Augen. Von Zeit zu Zeit öffnete er sie und sah nach, wo sie waren. Tiergarten, Tiergarten. Tiergarten. Brandenburger Tor. Unter den Linden. An jeder Straßenecke mussten sie halten. An jeder Verkehrsampel glühte, kurz bevor sie anlangten, das rote Licht auf. Ihm war, als führen sie durch zähen, dickflüssigen Lcim. Hinter der Friedrichstraße wurde es besser. Universität, Staatsoper, Dom und Schloss lagen endlich im Rücken. Das Auto bog rechts ein. Es hielt. Fabian zahlte und lief gehetzt ins Haus.

Ein fremder Mann öffnete. Fabian nannte seinen Namen. »Endlich«, sagte der fremde Mann. »Ich bin Kriminalkommissar Donath. Wir kommen ohne Sie nicht weiter.«

Im ersten Zimmer saßen fünf junge Damen, ein Polizist stand dabei. Fabian erkannte die Selow und die Bildhauerin. »Endlich«, sagte die Selow. Das Zimmer war demoliert, Gläser und Flaschen lagen am Boden.

Im nächsten Zimmer stand ein junger Mann vom Schreibtisch auf. »Mein Assistent«, erklärte der Kommissar. Fabian blickte sich um und erschrak. Auf dem Sofa lag Labude, kalkweiß, mit geschlossenen Augen. Labude hatte ein Loch in der Schläfe. Geronnenes Blut verklebte die Haare.

»Stephan«, sagte Fabian leise und setzte sich neben die Leiche. Er legte seine Hand auf die eisigen Hände des Freundes und schüttelte den Kopf.

»Aber Stephan«, sagte er, »das macht man doch nicht.«

Die zwei Beamten traten ans Fenster.

»Doktor Labude hat für Sie einen Brief hinterlassen«, berichtete der Kommissar. »Wir bitten Sie, den Brief zu lesen und uns über den Inhalt, soweit es uns interessiert, zu unterrichten. Wir teilen Ihre Vermutung, dass es sich um einen Selbstmord handelt.« [...]

Fabian öffnete das Kuvert und nahm den gefalteten Briefbogen heraus. Dabei fiel ein Banknotenbündel zur Erde. Der Assistent hob es auf und legte es aufs Sofa.

»Wir warten nebenan«, sagte der Kommissar rücksichtsvoll, und sie ließen Fabian allein. Er erhob sich und brannte das Licht an. Dann setzte er sich wieder und sah auf den toten Freund, dessen gelbes, in Müdigkeit erfrorenes Gesicht genau unter der Lampe lag. Der Mund war ein wenig geöffnet, der Unterkiefer gab nach. Fabian faltete den Briefbogen auseinander und las:

»Lieber Jakob!

Als ich heute Mittag im Institut war, um mich wieder einmal zu erkundigen, war der Geheimrat wieder einmal nicht da. Aber Weckherlin, sein Assistent, war da, und er sagte mir, meine Habilitationsschrift sei abgelehnt worden. Der Geheimrat habe sie als völlig ungenügend charakterisiert und erklärt, sie der Fakultät weiterzugeben, halte er für Belästigung. Außerdem habe es keinen Zweck, meine Blamage populär zu machen. Fünf Jahre hat mich diese Schrift gekostet, es war die fünfjährige Arbeit an einer Blamage, die man nun aus Barmherzigkeit im engsten Kreise begraben will.

Ich dachte daran, Dich anzurufen, aber ich schämte mich. Ich habe kein Talent zum Trostempfänger, auch hierin bin ich talentlos. Das Gespräch über Leda, das wir vor Tagen miteinander hatten, überzeugte mich davon. Du hättest mich über die mikroskopische Bedeutung meines wissenschaftlichen Unfalls aufgeklärt, ich hätte Dir zum Schein recht gegeben, wir hätten einander belogen.

Die Ablehnung meiner Arbeit ist, faktisch und psychologisch, mein Ruin, vor allem psychologisch. Leda wies mich zurück, die Universität weist mich zurück, von allen Seiten erhalte ich die Zensur Ungenügend. Das hält mein Ehrgeiz nicht aus, das bricht meinem Kopf das Herz und meinem Herzen das Genick, Jakob. Mir hilft keine historische Statistik, wie viele bedeutende Männer schlechte Schüler und unglückliche Liebhaber waren.

Mein politischer Ausflug nach Frankfurt war auch zum Bespeien. Am Schluss prügelten wir uns. Als ich gestern wiederkam, lag die Selow mit der Bildhauerin in meinem Bett, ein paar andere Frauenzimmer gaben Hilfestellung. Und jetzt, während ich schreibe, schmeißen sie im Nebenzimmer mit Gläsern und Blumenvasen. Ich kann, wenn ich meinen augenblicklichen Zustand betrachte, sagen: Die ganze Richtung passt mir nicht! Aus den Bezirken, in die ich gehöre, wies man mich aus. Dort, wo man mich aufnehmen will, will ich nicht hin. Sei mir nicht böse, mein Guter, ich haue ab. […] Ich bin eine lächerliche Figur geworden, ein in den Fächern Liebe und Beruf durchgefallener Menschheitskandidat. Lass mich den Kerl umbringen. Der Revolver, den ich neulich am Märkischen Museum dem Kommunisten abnahm, kommt zu neuen Ehren. Ich nahm ihn an mich, damit kein Unglück angerichtet würde. Lehrer hätte ich werden müssen, nur die Kinder sind für Ideale reif.

Also, Jakob, leb wohl. Fast hätte ich ganz ernsthaft hingeschrieben: Ich werde oft an Dich denken. Aber damit ist es ja nun aus. Trag es mir nicht nach, dass ich uns so enttäusche. Du bist der einzige Mensch, den ich liebhatte, obwohl ich ihn kannte. Grüße meine Eltern, und vor allem Deine Mutter. Wenn Du Leda zufällig einmal begegnen solltest, sage ihr nicht, wie schwer mich ihr Betrug traf. Sie mag glauben, ich wäre nur gekränkt gewesen. Es braucht nicht jeder alles zu wissen.

Ich würde Dich bitten, meine Angelegenheiten zu regeln, aber es gibt nichts, was der Regelung bedürfte. Die Wohnung Nummer zwei sollen meine Eltern auflösen, mit den Möbeln können sie tun, was sie wollen. Meine Bücher gehören Dir. Ich fand vorhin in meinem Schreibtisch zweitausend Mark, nimm das Geld, viel ist es nicht, zu einer kleinen Reise wird es reichen.

Leb wohl, mein Freund. Lebe besser als ich. Mach's gut. Dein Stephan.«

Fabian strich dem Toten behutsam über die Stirn. Der Unterkiefer war noch tiefer herabgesunken. Der Mund klaffte auf. »Dass man lebt, ist Zufall; dass man stirbt, ist gewiss«, flüsterte Fabian und lächelte dem Freunde zu, als wolle er ihn jetzt noch trösten.

Der Kommissar öffnete leise die Tür. »Entschuldigen Sie, dass ich schon wieder störe.« Fabian reichte ihm den Brief. Der Beamte las und sagte: »Da kann ich ja die Mädchen nach Hause schicken.« Er gab den Brief zurück und ging ins Nebenzimmer. »Die Sache ist erledigt, ich will Sie nicht länger aufhalten«, rief er.

»Nur noch einen Augenblick«, sagte eine weibliche Stimme. »Ich habe ein Faible für Tote.« Die fünf Frauen drängten sich durch die Tür und standen schweigend vor dem Sofa.

»Man müsste ihm die Kinnlade hochbinden«, sagte schließlich ein Mädchen, das Fabian nicht kannte. Die Bildhauerin lief ins andere Zimmer und kehrte mit einer Serviette wieder. Sie band Labude den Unterkiefer hoch, sodass der Mund sich schloss, und knüpfte die Enden der Serviette auf seinem Kopfhaar zu einem Knoten.

»Ein Toter mit Zahnschmerzen«, bemerkte die Selow und lachte bösartig.

Ruth Reiter sagte: »Es ist eine Schande. Bei mir im Atelier sitzt Wilhelmy und wird von Tag zu Tag gesünder, das Schwein, obwohl die Ärzte jede Hoffnung aufgegeben haben. Und dieser kräftige junge Kerl hier bringt sich um die Ecke.«

Dann schob der Assistent die Frauen aus dem Zimmer. Der Kommissar setzte sich an den Schreibtisch und entwarf einen Polizeibericht. Der Assistent kam zurück. »Ist es nicht das Beste, wenn wir einen Wagen bestellen und den Toten in die Villa der Eltern bringen lassen?«, fragte er. Dann bückte er sich. Die Geldscheine waren vom Sofa gefallen und lagen wieder auf der Erde. Er hob sie auf und steckte sie Fabian in die Tasche.

»Sind die Eltern eigentlich schon verständigt?«, fragte Fabian.

»Sie sind leider nicht erreichbar«, erwiderte der Assistent. »Justizrat Labude befindet sich auf einer kleinen Reise, das Hauspersonal weiß nichts Näheres. Die Mutter ist in Lugano. Man hat ihr depeschiert.«

»Also gut«, sagte Fabian. »Bringen wir ihn nach Hause!« Der Assistent telefonierte der nächsten Feuerwache. Dann warteten sie alle drei stumm, bis der Wagen kam. Sanitäter packten Labude auf eine Bahre und trugen ihn die Treppe hinunter. Vor dem Haus standen Neugierige aus der Nachbarschaft. Die Bahre wurde in den Wagen gehoben, Fabian setzte sich neben den ausgestreckten Freund. Die Beamten verabschiedeten sich. Er gab ihnen die Hand. Ein Sanitäter klappte die Leiter hoch und schloss die Tür. Fabian und Labude fuhren zum letzten Mal gemeinsam durch Berlin.

Das Fenster war heruntergelassen, in seinem Rahmen zeigte sich der Dom. Dann wechselte das Bild. Fabian sah die Schinkel'sche Wache, die Universität, die Staatsbibliothek. Wie lange war das her, dass sie hier miteinander im Autobus gefahren waren? Labude hatte sich fremd und schwerhörig gestellt. Fabian hatte gebrüllt, die Universität sei eine Anstalt für schwachsinnige Kinder, Labude hatte gesagt: »Schön haben sie's hier, die kleinen Idioten.«

Am selben Abend hatten sie, draußen am Märkischen Museum, zwei Raufbolden die Revolver abgenommen. Nun lag Labude auf der Bahre, fuhr durchs Brandenburger Tor und wusste nichts mehr davon. Zwei straffe Gurte hielten ihn fest. Der Kopf rutschte langsam schräg. »Denkst du nach?«, fragte Fabian leise, schob Labudes Kopf auf dem Kissen wieder zurecht und ließ die Hand dort. Ein Toter mit Zahnschmerzen, hatte die Selow gesagt.

Als das Krankenauto vor der Grunewaldvilla hielt, stand das Dienstpersonal an der Tür. Die Haushälterin schluchzte, der Diener ging würdevoll vor den Sanitätern her, die Mädchen folgten, ihre Füße hielten mit der ernsten Stunde Schritt. Labude wurde in sein Zimmer gebracht und auf das Sofa gelegt. Der Diener öffnete die Fenster weit. »Die Leichenfrau kommt morgen früh«, sagte die Haushälterin, und nun schluchzten auch die Mädchen. Fabian gab den Sanitätern Geld. Sie grüßten militärisch und gingen.

»Der Herr Justizrat ist noch immer nicht da«, bemerkte der Diener. »Ich habe keine Ahnung, wo er sich aufhält. Aber er wird es ja in der Zeitung lesen.«

»Es steht schon in der Zeitung?«, fragte Fabian.

»Jawohl«, entgegnete der Diener. »Die gnädige Frau ist benachrichtigt. Sie dürfte morgen Mittag in Berlin eintreffen, wenn ihr Zustand die Reise gestattet. Der FD-Zug ist um diese Stunde in Bellinzona.«

»Gehen Sie schlafen«, sagte Fabian. »Ich bleibe die Nacht über hier.« Er zog einen Stuhl zum Sofa. Die anderen verließen das Zimmer. Er war allein.

In Bellinzona war Labudes Mutter jetzt? Fabian setzte sich neben den Freund und dachte: Welch eine Strafe für eine schlechte Mutter!

Labudes Gesicht wurde von der Serviette nur scheinbar zusammengehalten, es veränderte sich. Als werde das Fleisch dickflüssig und als sickere es allmählich ins Körperinnere, so traten die Backenknochen hervor. Die Augen waren tief in die schwärzlichen Höhlen gesunken. Die Nasenflügel fielen ein und wirkten verkniffen.

Fabian beugte sich vor und dachte: Warum verwandelst du dich? Willst du mir den Abschied leicht machen? Ich wünschte, du könntest reden, denn ich hätte viel zu fragen, mein Lieber. Ist dir jetzt wohl? Bist du auch jetzt noch, nachdem du starbst, damit zufrieden, dass du tot bist? Oder bereust du, was du tatest? Und möchtest du rückgängig machen, was für ewig geschah? Früher habe ich mir eingebildet, ich würde an der Leiche eines Menschen, den ich liebe, nie begreifen können, dass er tot ist. Wie soll man verstehen, dass jemand nicht mehr da ist, obwohl er sichtbar vor einem liegt, mit Schlips und Kragen, im selben Anzug wie kurz vorher?, dachte ich. Wie soll man glauben, dass einer, nur, weil er zu atmen vergaß, eine Portion Fleisch geworden ist, die man drei Tage später achtlos verscharrt?, dachte ich. Wird man, wenn das geschieht, nicht aufschreien: Hilfe, er erstickt! Ich muss dir sagen, Stephan: Ich verstehe meine Angst, man könnte am Tod und seiner Tragweite zweifeln, nicht mehr. Du bist tot, mein Guter, und du liegst da wie eine schlecht fixierte Fotografie von dir, die zusehends vergilbt. Man wird deine Fotografie in den Ofen werfen, den man Krematorium nennt. Du wirst verbrennen, und niemand wird um Hilfe rufen, und auch ich werde still sein.

Fabian trat zum Schreibtisch und nahm aus dem gelben Holzkästchen, das seit Jahren dort stand, eine Zigarette. Ein Kupferstich hing an der Wand, es war ein Porträt von Lessing. »Sie sind schuld daran«, sagte Fabian zu dem Mann mit dem Zopf und zeigte auf Labude. Aber Gotthold Ephraim Lessing übersah und überhörte den Vorwurf, der ihm, hundertfünfzig Jahre nach seinem Tode, gemacht wurde. Er blickte ernst und höchst charaktervoll geradeaus. Sein breites, bäuerisches Gesicht verzog keine Miene. »Schon gut«, sagte Fabian, drehte dem Bild den Rücken und setzte sich wieder neben den Freund.

»Siehst du«, sprach er zu Labude, »das war ein Kerl«, und er wies mit dem Daumen hinter sich. »Der biss zu und kämpfte und schlug mit dem Federhalter um sich, als sei der Gänsekiel ein Schleppsäbel. Der war zum Kämpfen da, du nicht. Der lebte gar nicht seinetwegen, den gab es gar nicht privat, der wollte gar nichts für sich. Und als er sich doch auf sich besann, als er vom Schicksal Frau und Kind verlangte, da brach alles über ihm zusammen und begrub ihn. Und das war in Ordnung. Wer für die anderen da sein will, der muss sich selber fremd bleiben. Er muss wie ein Arzt sein, dessen Wartezimmer Tag und Nacht voller Menschen ist, und einer muss mitten darunter sitzen, der nie an die Reihe kommt und nie darüber klagt: Das ist er selber. Hättest du so zu leben vermocht?«

Fabian strich dem Freund übers Knie und schüttelte den Kopf. »Ich wünsche dir Glück, denn du bist tot. Du warst ein guter Mensch, du warst ein anständiger Kerl, du warst mein Freund, aber das, was du vor allem sein wolltest, das warst du nicht. Dein Charakter existierte in deiner Vorstellung, und als die zerstört wurde, blieb nichts mehr übrig als ein Schießeisen und das, was hier auf dem Sofa liegt. Siehst du, nächstens wird ein gigantischer Kampf einsetzen, erst um die Butter aufs Brot, und später ums Plüschsofa; die einen wollen es behalten, die andern wollen es erobern, und sie werden sich wie die Titanen ohrfeigen, und sie werden schließlich das Sofa zerhacken, damit es keiner kriegt. Unter den Anführern werden auf allen Seiten Marktschreier stehen, die stolze Parolen erfinden und die das eigene Gebrüll besoffen macht. Vielleicht werden sogar zwei oder drei wirkliche Männer darunter sein. Sollten sie zweimal hintereinander die Wahrheit sagen, wird man sie aufhängen. Sollten sie zweimal hintereinander lügen, wird man sie aufhängen. Dich hätte man nicht einmal gehängt, dich hätte man totgelacht. Du warst kein Reformator, und du warst kein Revolutionär. Mach dir nichts draus.«

Labude lag, als höre er zu. Aber er tat nur so. Die Ansprache verhallte, Fabian wurde müde. Warum genügte es dir nicht, schön zu finden, was schön ist?, dachte er. Dann hätte dich das Pech mit Herrn Lessing nicht so gekränkt. Dann säßest du jetzt vielleicht in Paris, statt hier zu liegen. Dann hättest du die Augen noch offen und blicktest glücklich von Sacré Coeur hinunter auf die schimmernden Boulevards, über denen die Luft kocht. Oder wir beide spazierten durch Berlin. Die Bäume sind ganz frisch gestrichen, der blaue Himmel ist mit Gold ausgelegt; die Mädchen sind appetitlich zubereitet, und wenn die eine bei einem Filmdirektor übernachtet, sucht man sich eine Bessere. Mein alter Erfinder, der liebte das Leben! Ich habe dir noch gar nicht erzählt, wie er bei mir im Schranke stand. Er hatte den Hut auf und hielt den Schirm in der Hand, als habe er Angst, es könne im Schrank regnen.

Fabian konnte nicht lange geschlafen haben, als er aufschreckte. Er hörte Stimmen auf der Straße und trat ans Fenster. Ein Auto hielt vor der Tür, der Diener kam aus dem Haus und öffnete den Schlag. Der Justizrat stieg aus und hielt dem Diener eine Zeitung entgegen. Der Diener nickte und zeigte zu dem Fenster hinauf, an dem Fabian lehnte. Eine Frau wollte aus dem Wagen, der Justizrat stieß sie auf den Sitz zurück. Der Wagen setzte sich in Bewegung. Die Frau presste, während das Auto sie wegführte, das Gesicht an die Scheibe. Der Justizrat ging ins Haus. Der Diener folgte und hielt die Arme besorgt angehoben, um, wenn es nötig werde, den Justizrat zu stützen.

Fabian trat auf den Korridor hinaus, denn er wollte nicht zugegen sein, wenn der Vater den Sohn liegen sah. Der Justizrat kam die Treppe herauf, er klammerte sich am Geländer fest, und der alte Diener hinter ihm hielt die Hände schützend vorgestreckt, aber Labudes Vater sank nicht um. Er ging, ohne Fabian anzusehen, in das erleuchtete Zimmer. Der Diener schloss die Tür und neigte den Kopf vor, um zu hören, ob er nötig sei. Doch es blieb still in dem Zimmer. Fabian und der Diener standen davor, jeder auf seinem Fleck, sie sahen einander nicht an und lauschten gespannt. Ihre Bereitschaft zum Mitleid wartete auf einen Klagelaut oder dergleichen. Aber sie vernahmen nichts. Die Szene hinter der Tür ließ sich nicht deuten.

Es klingelte. Der Diener verschwand im Zimmer und kam wieder auf den Korridor. »Der Herr Justizrat möchte Sie sprechen.« Fabian trat ein. Der alte Labude saß am Schreibtisch und hatte den Kopf in die Hand gestützt. Nach einer Weile richtete er sich hoch, stand auf, um den Freund seines Sohnes zu begrüßen, und lächelte künstlich. »Ich habe keine Beziehung zu tragischen Erlebnissen«, sagte er gepresst. »Das bisschen Mitgefühl, das mein Egoismus zulässt, hat durch die vielen Plädoyers, die ich hielt, und durch die prozessuale Routine überhaupt einen unechten Glanz angenommen, in dem sich alles andere eher spiegelt als wahre Teilnahme.« Er drehte sich um, betrachtete seinen Sohn, und es sah aus, als ob er sich bei dem Toten entschuldigen wolle. »Es hat keinen Zweck, sich Vorwürfe zu machen«, fuhr er fort. »Ich war kein Vater, der für den Sohn lebt. Ich bin ein vergnügungssüchtiger älterer Herr, der in das Leben verliebt ist. Und dieses Leben verliert seinen Sinn keineswegs durch diese Tatsache.« Er zeigte mit dem vorgestreckten Arm auf die Leiche. »Er hat gewusst, was er tat. Und wenn er es für das Klügste hielt, brauchen die anderen nicht zu weinen.«

»Man könnte, gerade weil Sie so nüchtern darüber sprechen, vermuten, dass Sie sich Vorwürfe machen«, sagte Fabian. »Das wäre unangebracht. Der sichtbare Anlass für Stephans Selbstmord liegt außerhalb unserer Sphäre.«

»Was wissen Sie darüber? Hat er Briefe hinterlassen?«, fragte der Justizrat.

Fabian verschwieg den Brief. »Eine kurze Notiz gab Auskunft. Der Geheimrat hat Stephans Habilitationsschrift als ungenügend abgelehnt.«

»Ich habe sie nicht gelesen. Man hat nie Zeit. War sie so schlecht?«, fragte der andere.

»Es ist eine der besten und originellsten literarhistorischen Arbeiten, die ich kenne«, erwiderte Fabian. »Hier ist sie.« Er nahm eine Kopie des Manuskripts vom Bücherbord und legte sie auf den Schreibtisch.

Der Justizrat blätterte darin, dann klingelte er, ließ das Telefonbuch bringen und suchte eine Nummer. »Es ist zwar sehr spät«, sagte er und ging ans Telefon, »aber das kann nichts helfen.« Er bekam Anschluss. »Kann ich den Geheimrat sprechen?«, fragte er. »Dann holen Sie die gnädige Frau an den Apparat. Ja, auch wenn sie schon schläft. Hier spricht Justizrat Labude.« Er wartete. »Entschuldigen Sie die Störung«, sagte er. »Ich höre, dass Ihr Gatte unterwegs ist. In Weimar? So, zur Tagung der Shakespeare-Gesellschaft. Wann kommt er zurück? Ich werde mir erlauben, ihn morgen im Institut aufzusuchen. Sie wissen nicht, ob er die Habilitationsschrift meines Sohnes schon gelesen hat?« Er hörte lange Zeit zu, dann verabschiedete er sich, legte den Hörer auf die Gabel, drehte sich zu Fabian herum und fragte: »Verstehen Sie das? Der Geheimrat hat neulich während des Essens gesagt, die Arbeit über Lessing sei außerordentlich interessant und er sei auf die Schlussfolgerung, also auf das Ende der Arbeit, sehr gespannt. Von Stephans Tod scheint man noch nichts zu wissen.«

Fabian sprang erregt auf. »Er hat die Arbeit gelobt? Lehnt man Arbeiten ab, die man gelobt hat?«

»Dass man Arbeiten, die man schlecht findet, annimmt, ist jedenfalls häufiger«, antwortete der Justizrat. »Wollen Sie mich jetzt allein lassen? Ich bleibe bei meinem Jungen und werde sein Manuskript lesen. Fünf Jahre hat er daran gesessen, nicht?« Fabian nickte und gab ihm die Hand. »Da hängt ja die Todesursache«, sagte der alte Labude und zeigte auf das Lessingporträt. Er nahm das Bild von

der Wand, betrachtete es und zerschlug es, ohne jede sichtbare Auf-
regung, am Schreibtisch. Dann klingelte er. Der Diener erschien.
»Kehre den Dreck fort und bringe Heftpflaster«, befahl der Justizrat.
Er blutete an der rechten Hand.

Fabian blickte noch einmal auf den toten Freund. Dann ging er
hinaus und ließ die beiden allein.

Grabrede für einen Idealisten

Bevor man stirbt, hat man gelebt.
Der Mann nun, den man hier begräbt,
lebte höchst sonderbar.

Er litt aus Mitleid, wenn er litt,
und stritt für andre, wenn er stritt,
auf eigene Gefahr.

Und hatte, trauernde Gemeinde,
ganz einfach deshalb lauter Feinde,
weil er ein Freund der Menschen war.

Der Justus, der Nichtraucher
und die fünf Freunde

»Hier sind die Ausreißer, Herr Doktor«, sagte der schöne Theodor. Seine Stimme klang honigsüß.

Bökh saß am Schreibtisch und betrachtete die fünf Tertianer. Keine Miene verriet, was er dachte. Die fünf sahen geradezu gemeingefährlich aus. Matthias hatte ein geschwollenes Auge. Sebastians Hose war überm Knie zerrissen. Ulis Gesicht und Hände sahen vom Frost blaurot aus. Martin hingen die Haare wirr ins Gesicht. Und Johnnys Oberlippe blutete. In einem der Schneebälle, die ihn getroffen hatten, war ein Stein gewesen. Und der Schnee schmolz von den fünf Paar Stiefeln und bildete fünf kleine Pfützen.

Doktor Bökh erhob sich und trat dicht vor die Angeklagten. »Wie heißt der einschlägige Artikel der Hausordnung, Uli?«

»Den Schülern des Internats ist es verboten, das Schulgebäude außer während der Ausgehzeiten zu verlassen«, antwortete der Kleine ängstlich.

»Gibt es irgendwelche Ausnahmefälle?«, fragte Bökh. »Matthias!«

»Jawohl, Herr Doktor«, berichtete Matz. »Wenn ein Mitglied des Lehrkörpers das Verlassen der Schule anordnet oder gestattet.«

»Welcher der Herren hat euch in die Stadt beurlaubt?«, fragte der Hauslehrer.

»Keiner«, entgegnete Johnny.

»Auf wessen Erlaubnis hin seid ihr fortgegangen?«

»Wir sind ohne Erlaubnis abgehauen«, erklärte Matthias.

»So war es nicht«, sagte Martin. »Sondern ich habe den anderen befohlen, mir zu folgen. Ich allein bin dafür verantwortlich.«

»Deine Vorliebe, Verantwortung zu übernehmen, ist mir hinreichend bekannt, lieber Martin«, meinte Doktor Bökh streng. »Du solltest dieses Recht nicht missbrauchen!«

»Er hat es nicht missbraucht«, rief Sebastian. »Wir mussten in die Stadt. Es war außerordentlich dringend.«

»Warum habt ihr mich, die zuständige Instanz, nicht um Erlaubnis gefragt?«

»Sie hätten, der Hausordnung wegen, die Erlaubnis verweigert«, sagte Martin. »Und dann hätten wir trotzdem in die Stadt rennen müssen! Das wäre noch viel unangenehmer gewesen!«

»Wie? Ihr hättet meinem strikten Verbot zuwidergehandelt?«, fragte der Justus.

»Jawohl!«, antworteten alle fünf.

»Leider«, fügte Uli kleinlaut hinzu.

»Das ist ja einfach bodenlos, Herr Doktor!«, meinte der schöne Theodor und schüttelte das Haupt.

»Es ist mir nicht bewusst, dass ich Sie nach Ihrer originellen Ansicht gefragt hätte«, sagte Doktor Bökh. Und der schöne Theodor wurde puterrot. »Warum musstet ihr in die Stadt hinunter?«, fragte der Lehrer.

»Wieder einmal wegen der Realschüler«, berichtete Martin. »Sie hatten einen unserer Externen überfallen. Dieser Externe und die Diktathefte, die Herrn Professor Kreuzkamm zur Korrektur gebracht werden sollten, waren verschwunden. Ein anderer Externer meldete uns das. Und da war es doch ganz klar, dass wir hinuntermussten, um den Gefangenen zu befreien.«

»Habt ihr ihn befreit?«, fragte der Lehrer.

»Jawohl«, riefen vier von ihnen. Uli schwieg. Er hielt sich für unwürdig, die Frage zu bejahen.

Doktor Bökh musterte Johnnys gespaltene Oberlippe und das verschwollene Auge von Matthias. »Wurde irgendwer verletzt?«, fragte er dann.

»Kein Gedanke«, sagte Matthias. »Niemand.«

»Nur die Diktathefte …«, meinte Sebastian.

Martin blickte ihn so wütend an, dass er abbrach.

»Was ist mit den Heften los?«, fragte der Justus.

»Sie wurden in einem Keller, vor den Augen des gefesselten Gefangenen, verbrannt«, sagte Martin. »Wir fanden nur noch die Asche vor.«

»Martin hat die Asche in seinem Taschentuch«, erklärte Matthias fröhlich. »Und ich werde die Urne dafür stiften.«

Doktor Bökh verzog unmerklich das Gesicht. Eine Zehntelsekunde lächelte er. Dann war er wieder ernst. »Und was soll nun werden?«, fragte er.

»Ich lege morgen früh eine Liste an«, sagte Martin. »Und jeder Klassenkamerad nennt mir die Zensuren, die er in den Diktaten seit Michaelis gehabt hat. Ich trage sämtliche Zensuren ein und überreiche Herrn Professor Kreuzkamm zum Unterrichtsbeginn die vollständige Liste. Und das letzte, noch nicht korrigierte Diktat müssen wir eben noch mal machen.«

»Teufel, Teufel!«, flüsterte Matthias und schüttelte sich. 73

»Ich weiß nicht, ob sich Professor Kreuzkamm damit zufriedengeben wird«, sagte Justus. »Alle Zensuren werdet ihr wohl auch nicht auswendig wissen. Trotzdem muss ich euch mitteilen, dass ich euer Verhalten billige. Ihr habt euch einfach tadellos benommen, ihr Bengels.«

Die fünf Jungen strahlten wie fünf kleine Vollmonde.

Der schöne Theodor versuchte zu lächeln. Aber der Versuch misslang.

»Gesetzwidrig bleibt es immerhin«, sagte Bökh, »dass ihr die Schule unerlaubt verlassen habt. Setzt euch aufs Sofa! Ihr seid müde. Wir wollen überlegen, was sich tun lässt.«

Die fünf Jungen setzten sich aufs Sofa und blickten ihren Justus vertrauensvoll an. Der Primaner blieb stehen. Am liebsten wäre er fortgelaufen.

Doktor Bökh ging im Zimmer auf und ab und meinte schließlich: »Man könnte den Vorfall ganz sachlich beurteilen und nichts weiter tun als feststellen, dass ihr ohne Erlaubnis fort wart. Welches Strafmaß ist hierfür üblich, Sebastian?«

»Ausgangsentziehung für vierzehn Tage«, antwortete der Junge.

»Man könnte aber auch die Begleitumstände berücksichtigen«, fuhr der Justus fort. »Und wenn man das tut, so steht zunächst einmal außer Frage, dass ihr, als zuverlässige Kameraden, koste es, was es wolle, in die Stadt musstet. Euer Vergehen bestünde dann nur darin, dass ihr die Erlaubnis einzuholen vergaßt.«

Er trat ans Fenster und blickte durch die Scheiben. Mit abgewandtem Gesicht sagte er: »Warum habt ihr mich denn nicht gefragt? Habt ihr so wenig Vertrauen zu mir?« Er drehte sich um.

»Dann verdiente ich ja selber die Strafe! Denn dann wäre ich an eurem Fehler schuld!«

»Nicht doch, lieber Herr Justus!«, rief Matthias außer sich, verbesserte sich rasch und meinte verlegen: »Nicht doch, lieber Herr Doktor. Sie wissen doch hoffentlich, wie sehr wir Sie ...« Er brachte es aber nicht heraus. Er schämte sich, zu bekennen, wie sehr sie den Mann am Fenster liebten.

Martin sagte: »Ich habe mir, bevor wir losgingen, einen Augenblick lang überlegt, ob wir Sie erst fragen sollten. Aber ich hatte das Gefühl, es sei verkehrt. Nicht wegen des Vertrauens, Herr Doktor. Ich weiß selber nicht genau, warum ich's unterließ.«

Das war wieder einmal etwas für den neunmalklugen Sebastian. »Die Sache ist doch ganz logisch«, erläuterte er. »Es gab nur zwei Möglichkeiten. Entweder konnten Sie unsere Bitte abschlagen; dann hätten wir Ihrem Verbot zuwiderhandeln müssen. Oder Sie konnten uns wirklich fortlassen; und wenn dann jemandem etwas zugestoßen wäre, hätte man Sie dafür verantwortlich gemacht. Und die anderen Lehrer und die Eltern hätten auf Ihnen herumgehackt!«

»So ähnlich«, sagte Martin.

»Ihr seid ja geradezu verantwortungssüchtig!«, entgegnete der Lehrer. »Ihr habt mich also nur nicht gefragt, um mir Unannehmlichkeiten zu ersparen? Na schön. Ihr sollt die heißersehnte Strafe kriegen. Ich entziehe euch hiermit den ersten Ausgehnachmittag nach den Ferien. Damit ist der Hausordnung Genüge getan. Oder?« Bökh blickte den Primaner fragend an.

»Selbstverständlich, Herr Doktor«, beeilte sich der schöne Theodor zu erklären.

»Und an diesem der Strafe gewidmeten Nachmittag seid ihr fünf hier oben im Turm meine Gäste. Da machen wir einen Kaffeeklatsch. Das steht zwar nicht in der Hausordnung. Aber ich glaube nicht, dass dagegen etwas einzuwenden ist. Oder?« Wieder blickte er den Primaner an.

»Keineswegs, Herr Doktor«, flötete der schöne Theodor. Am liebsten wäre er zersprungen.

»Nehmt ihr die Strafe an?«, fragte Bökh.

Die Jungen nickten fröhlich und stießen einander die Ellbogen in die Rippen.

»Großartig«, rief Matthias. »Gibt's Kuchen?«

»Wir wollen's stark hoffen«, meinte der Justus. »Und ehe ich euch jetzt hinauswerfe, will ich euch eine kleine Geschichte erzählen. Denn ich habe ja doch das leise Gefühl, dass euer Vertrauen zu mir noch nicht so groß ist, wie es für euch gut wäre und wie ich's mir wünsche.«

Der schöne Theodor machte kehrt und wollte auf den Zehenspitzen verschwinden.

»Nein, nein, bleiben Sie nur hier!«, rief Bökh. Dann setzte er sich hinter den Schreibtisch und drehte den Stuhl so, dass er durchs Fenster blicken konnte. Hinaus in den Winterabend.

»Das ist ungefähr zwanzig Jahre her«, erzählte er. »Damals gab es hier in diesem Haus auch schon solche Jungen, wie ihr welche seid. Und auch schon sehr strenge Primaner. Und auch schon einen Hauslehrer. Und der wohnte in genau demselben Zimmer, in dem wir jetzt sitzen ... Von einem der kleinen Tertianer, die vor zwanzig Jahren in euren eisernen Bettstellen schliefen und auf euren Plätzen im Klassenzimmer und im Speisesaal saßen, handelt die Geschichte. Es war ein braver, fleißiger Junge. Er konnte sich über Ungerechtigkeiten empören wie der Martin Thaler. Er prügelte sich herum, wenn es sein musste, wie der Matthias Selbmann. Er saß mitunter nachts auf dem Fensterbrett im Schlafsaal und hatte Heimweh wie der Uli von Simmern. Er las furchtbar gescheite Bücher wie der Sebastian Frank. Und er verkroch sich manchmal im Park wie der Jonathan Trotz.«

Die Jungen saßen schweigend nebeneinander auf dem Sofa und lauschten andächtig.

Doktor Bökh fuhr fort: »Da wurde eines Tages die Mutter dieses Jungen sehr krank. Und man brachte sie, weil sie sonst bestimmt gestorben wäre, von dem kleinen Heimatort nach Kirchberg ins Krankenhaus. Ihr wisst ja, wo es liegt. Drüben, am anderen Ende der Stadt. Der große rote Ziegelbau. Mit den Isolierbaracken hinten im Garten.

Der kleine Junge war damals sehr aufgeregt. Er hatte keine ruhige Minute. Und da rannte er eines Tages, weil es seiner Mutter sehr schlecht ging, einfach aus der Schule fort, quer durch die Stadt ins Krankenhaus, saß dort am Bett der Kranken und hielt ihre heißen Hände. Dann sagte er ihr, er komme morgen wieder – denn am nächsten Tag hatte er Ausgang –, und rannte den weiten Weg zurück.

Am Schultor wartete schon ein Primaner auf ihn. Es war einer von denen, die noch nicht reif genug sind, die Macht, die ihnen übertragen wurde, vernünftig und großmütig auszuüben. Er fragte den Jungen, wo er gewesen sei. Der Junge hätte sich eher die Zunge abgebissen als diesem Menschen erzählt, dass er von seiner kranken Mutter kam. Der Primaner entzog ihm zur Strafe die Ausgeherlaubnis für den nächsten Tag.

Am nächsten Tag lief der Junge trotzdem davon. Denn die Mutter wartete ja auf ihn! Er rannte quer durch die Stadt. Er saß eine Stunde lang an ihrem Bett. Es ging ihr noch schlechter als am Tage vorher. Und sie bat ihn, morgen wiederzukommen. Er versprach es ihr und lief in die Schule zurück.

Der Primaner hatte bereits dem Hauslehrer gemeldet, dass der Junge wieder fortgelaufen war, obwohl man ihm das Ausgehen verboten hatte. Der Junge musste zum Hauslehrer hinauf. In dieses Turmzimmer hier. Und er stand, damals vor zwanzig Jahren, genau dort, wo ihr vorhin standet. Der Hauslehrer war ein strenger Mann. Auch er war keiner von denen, denen sich der Junge hätte anvertrauen können! Er schwieg. Und so wurde ihm angekündigt, dass er die Schule vier Wochen lang nicht verlassen dürfe.

Aber am nächsten Tag war er wieder fort. Da brachte man ihn, als er zurückkam, zum Direktor des Gymnasiums. Und der bestrafte ihn mit zwei Stunden Karzer. Als sich nun der Direktor am nächsten Tage vom Hausmeister den Karzer aufschließen ließ, um den Jungen zu besuchen und ins Gebet zu nehmen, saß ein ganz anderer Junge im Karzer! Das war der Freund des Ausreißers, und er hatte sich einsperren lassen, damit der andere wieder zu seiner Mutter konnte.

Ja«, sagte Doktor Bökh, »das waren zwei Freunde! Sie blieben auch später beieinander. Sie studierten zusammen. Sie wohnten zusammen. Sie trennten sich auch nicht, als der eine von ihnen heiratete. Dann aber bekam die Frau ein Kind. Und das Kind starb. Und die Frau starb. Und am Tage nach dem Begräbnis war der Mann verschwunden. Und sein Freund, dessen Geschichte ich euch hier erzähle, hat nie wieder etwas von ihm gehört.« Doktor Bökh stützte den Kopf in die Hand und hatte sehr, sehr traurige Augen.

»Der Direktor«, fuhr er schließlich fort, »war damals außer sich, als er im Karzer stand und den Betrug merkte. Da berichtete ihm der Junge, warum der andere immer fortgelaufen sei, und es nahm doch noch ein gutes Ende. Der Junge aber, dessen Mutter im Krankenhaus gelegen hatte, nahm sich damals vor, dass er in dieser Schule, in der er als Kind gelitten hatte, weil er keinem voll vertrauen konnte, später einmal selber Hauslehrer werden wollte. Damit die Jungen einen Menschen hätten, dem sie alles sagen könnten, was ihr Herz bedrückte.«

Der Justus stand auf. Sein Gesicht war freundlich und ernst zugleich. Er sah die fünf Knaben lange an. »Und wisst ihr auch, wie dieser Junge hieß?«

»Jawohl«, sagte Martin leise. »Er hieß Johann Bökh.«

Der Justus nickte. »Und nun macht, dass ihr rauskommt, ihr Banditen!«

Da standen sie auf, machten eine feierliche Verbeugung und verließen leise das Zimmer. Der schöne Theodor ging gesenkten Kopfes an ihnen vorüber.

Auf der Treppe sagte Matthias: »Für diesen Mann da oben lass ich mich, wenn's sein muss, aufhängen.«

Uli sah aus, als ob er nach innen geweint hätte, und meinte: »Ich auch.«

79

Johnny blieb, bevor sie in die verschiedenen Wohnzimmer gingen, auf dem Korridor stehen. »Wisst ihr auch«, fragte er, »wer der Freund ist, der für ihn im Karzer saß und der am Tage nach dem Begräbnis spurlos verschwunden ist?«

»Keine Ahnung«, sagte Matthias. »Woher sollen wir das denn wissen?«

»Doch«, meinte Johnny Trotz. »Wir kennen ihn alle. Er wohnt nicht weit von hier, und er ist heute zusammengezuckt, als er den Namen Bökh hörte.«

»Du hast recht«, sagte Martin. »Du hast bestimmt recht, Johnny! Wir kennen seinen verlorenen Freund!«

»Nun redet schon endlich«, rief Matthias ungeduldig.

Und Johnny sagte: »Es ist der Nichtraucher.« […]

Der Speisesaal hatte sich geleert. Nur Martin und Johnny standen noch an der Tür. Und hinten, an der einen Schmalseite des Raumes, saß der Justus an einem kleinen Tisch und zündete sich eine Zigarre an. Sie gingen zu ihm. Er nickte freundlich und sah sie forschend an. »Ihr seht ja geradezu feierlich aus«, sagte er. »Was habt ihr denn auf dem Rohre?«

»Wir wollten Sie bitten, einen kleinen Spaziergang mit uns zu machen«, erklärte Martin. »Wir müssen Ihnen etwas zeigen.«

»So?«, meinte er. »Ihr müsst?«

Beide nickten energisch. Da stand er auf und ging mit ihnen aus dem Speisesaal. Sie führten ihn, ohne dass er Widerstand geleistet hätte, bis zum Schultor. »Nanu«, sagte er dann. »Hier hinaus?« Sie nickten wieder. »Da bin ich aber mächtig gespannt«, meinte er. Sie führten ihn die Straße hinauf, immer am Eisengitter der Schule entlang. Er erkundigte sich nach ihren Theaterproben.

Johnny Trotz sagte: »Wir können unsere Rollen sehr gut. Sogar Matthias wird morgen Abend, zur Weihnachtsfeier, nicht stecken bleiben. Morgen Nachmittag haben wir Generalprobe. Mit Kostümen.«

Der Justus erkundigte sich, ob er zur Generalprobe kommen dürfe. Sie sagten, er dürfe selbstverständlich. Aber er merkte, dass es ihnen nicht ganz recht war. Und da meinte er, er werde seine Neugierde schon bis zur ersten öffentlichen Aufführung bezähmen können.

»Wohin transportiert ihr mich denn eigentlich?«, fragte Doktor Bökh.

Sie gaben ihm keine Antwort, sondern lächelten und waren sehr aufgeregt.

Plötzlich fragte Johnny: »Was für einen Beruf hatte denn Ihr Freund, von dem Sie uns gestern Abend erzählt haben?«

»Er war Arzt«, sagte Doktor Bökh. »Deswegen wird es ihm wohl auch so zu Herzen gegangen sein, dass er seiner Frau und dem Kinde nicht helfen konnte. Er war sogar ein sehr tüchtiger Arzt. Aber gegen das Schicksal hilft manchmal kein Studium.«

»Konnte er Klavier spielen?«, fragte Johnny weiter.

Der Justus blickte den Jungen erstaunt an. »Ja«, sagte er schließlich. »Er spielte sogar ausgezeichnet. Aber wie kommst du denn darauf?«

»Bloß so«, meinte Johnny. Und Martin öffnete die Tür zur Schrebergartenkolonie.

»Hier hinein?«, fragte der Lehrer. Sie nickten und führten ihn an vielen kleinen verschneiten Gärten vorüber.

»Vor zwanzig Jahren war hier noch Wald«, erzählte Doktor Bökh. »Und wenn wir etwas vorhatten, sind wir über den Zaun geklettert.«

»Das machen wir jetzt auch noch so«, sagte Martin. Und da lachten sie.

Dann blieben die beiden Jungen stehen.

»Da wohnt ja jemand in einem richtigen Eisenbahnwagen!«, rief der Justus überrascht.

»Jawohl«, sagte Johnny. »Der Mann, der in diesem Wagen wohnt, ist ein Freund von uns. Und wir haben ihn fast genauso gern wie Sie. Deswegen wollen wir auch, dass Sie ihn endlich kennenlernen.«

Martin war in den Garten gegangen, blieb vor dem Waggon stehen und klopfte dreimal. Die Tür öffnete sich, und der Nichtraucher trat heraus. Er gab Martin die Hand. Dann blickte er zu der Gartentür hinüber, wo Johnny Trotz mit dem Lehrer stand.

Plötzlich stieß der Justus einen tiefen Seufzer aus, riss das Gatter auf und lief auf den Nichtraucher zu. »Robert!«, rief er außer sich.

»Johann«, sagte der Nichtraucher und streckte dem Freund die Hand entgegen.

Die zwei Knaben hatten keine große Mühe, sich fortzustehlen, denn die beiden Männer standen wie zwei Steinsäulen im Schnee und sahen einander unverwandt an.

»Alter Junge!«, sagte der Justus. »Dass ich dich endlich wiederhabe!«

Freunde in der Not

Wie man Freunde hat, die einen nicht mehr
kennen wollen, hat man, zum Ausgleich, andere,
die man selber nicht kennt.

Notabene 45

Neulich war ich in Berlin, das ich vor achtzehn Monaten verlassen hatte, und mein erster Weg galt dem Stammcafé am Kurfürstendamm, oben in Halensee, galt dem Tisch, an dem ich sechzehn Jahre lang fast täglich gesessen, gegessen, geschrieben und mit Freunden gesprochen hatte. Das Café stand noch. Aber es hatte sich in einen »British Officers' Club« verwandelt, und so ging ich an der altgewohnten Tür vorüber, als kennten wir einander nicht …

In dem Lokal, wusste ich, stand »mein Tisch«, an den sich um die Mittagszeit, auch wenn er leer war, sechzehn Jahre lang kein Fremder setzen durfte. Der Tisch an der Säule mit der Stirn zu dem großen Fenster, durch das ich der Stadt Berlin zugesehen hatte. Nun war der Tisch also doch »besetzt« worden. Ich ging lächelnd an meinem Café vorbei. Und im Weitergehen musste ich an vergangene Zeiten denken. An die Freunde, die hier mit mir gesessen hatten. In guten und in bösen Tagen. Und an die anderen, die an den bösen Tagen leider keine Zeit gehabt hatten. An die, die plötzlich gar nicht mehr gekommen waren. Und an die, die nie mehr würden kommen können …

Es gibt Sätze, deren Inhalt so plausibel ist, dass es sich kaum lohnt, eine Silbe darüber zu verlieren. Sie heißen »Allgemeinplätze«. »Man soll den Tag nicht vor dem Abend loben« ist solch eine prachtvoll fundamentale Behauptung oder »Geld allein macht nicht glücklich«. An der Richtigkeit dieser Sätze kann ebenso wenig gedeutelt werden wie an der Gültigkeit mathematischer und physikalischer Lehrsätze. Sie stimmen. Das ist ihr einziger Vorzug. Man könnte hinzufügen, sie ersparten uns Enttäuschungen. Sie lehrten uns das Leben kennen, ohne dass wir selber es erst lange kennenlernen müssten. Sie enthielten kondensierte Lebensweisheit, wie Konservenbüchsen frischen Spargel enthalten.

Man könnte es sagen, aber es träfe nicht zu. Geld allein macht nicht glücklich? Oho, denkt Fritzchen Müller, mich schon! Und erst nachdem er das Große Los gewonnen hat, begreift er, dass der Satz stimmt. Und so geht es auch mit den anderen Allgemeinplätzen. Zum Beispiel mit dem, dass man seine Freunde erst in der Not kennenlernt. Eigene Not sollte dazu nötig sein? Pah! So viel Menschenkenntnis hat man doch wohl, dass man ohne Not und langes Federlesen spürt, wer ein wahrer Freund ist und wer nicht! Das wäre ja gelacht!

Nun, ich habe in diesem Punkte das Lachen verlernt. Ich habe das, was ich früher einmal für Menschenkenntnis hielt, zu den übrigen Trümmern geworfen, die das Dritte Reich hinterlassen hat. Wie war es denn mit jenem Freunde gewesen, den ich für den »besten« gehalten hatte? Groß wie ein Baum war er gewesen. Treu wie ein Bernhardiner hatte er ausgeschaut. Für unzertrennlich hatten wir gegolten. Und dann, als es mir ans Leder ging? Als ich verboten und bespitzelt wurde? Als sich die Zahl derer, die mittags an meinem Kaffeehaustisch erschienen, nach und nach verringerte? Er blieb als Erster fort. Er lief zu anderen und riet ihnen, mich ja zu meiden. Der Umgang mit mir sei gefährlich geworden. Er suchte, wohl um sich vor sich selber weniger schämen zu müssen, Verbündete. Und er fand welche.

Als ich davon noch nichts wusste, traf ich ihn einmal. Ganz zufällig. Wir liefen ineinander hinein. Ich konnte ihm nicht mehr ausweichen. Wir gingen die Straße entlang, die Joachimsthaler Straße war's. Wir unterhielten uns, als sei er nur lange verreist gewesen. Dann merkte ich, dass er ängstlich die Gesichter der Passanten musterte, ob auch kein Bekannter darunter sei. Als er schließlich auf die andere, auf die dunklere und weniger belebte Straßenseite hinübersteuerte, sagte ich ihm knapp, was ich von ihm dächte, und ließ ihn stehen. Das Schlimmste daran war nicht, dass ich einen Freund verlor. Er war ja, wie sich gezeigt hatte, nie einer gewesen! Das Peinlichste war die Erfahrung, wie sehr das Herz sich irren kann …

Da waren aber auch andere. Nette, harmlose Bekannte. Mit einem Mal erschienen sie jeden Tag. Pünktlich wie die Feuerwehr. Einer von ihnen war sogar ein alter Parteigenosse. Er trug das Parteiabzeichen nicht mehr. Er hängte an Hitlers hohen Feiertagen die Fahne nicht mehr aus dem Fenster. Er wies seinen Politischen Leiter, der ihn ermahnen wollte, wütend aus der Wohnung. Und er saß jeden Mittag, Jahr für Jahr, an meinem Tisch. Und da kamen junge Mädchen, Schauspielerinnen zum Beispiel, deren Existenz auf dem Spiel stand. Sie wussten, dass die Stadtpolizei über mich Buch führte. Ich bat sie, doch wegzubleiben. Sie lächelten amüsiert. Sie lachten mich aus. Und wurden, aus Protest, regelmäßige »Stammtischler«. Überhaupt die Frauen! Wer bis dahin noch nicht wusste, dass sie mutiger sind als wir Männer, der hat zwölf Jahre lang Gelegenheit gehabt, es zu lernen. Die Frauen, noch die zartesten und zärtlichsten, haben viermal so viel Zivilcourage wie die meisten Herren der Schöpfung. Sie erschrecken vor Mäusen. Sie rufen um Hilfe, wenn eine Spinne über die Tapete turnt. Doch wenn es nötig wird, der Bosheit und der rohen Gewalt die Stirn zu bieten, dann stellen sie Zweimetermänner und Schwergewichtmeister in den Schatten. Ihr Mut ist nicht jener normale Mannesmut, der am liebsten in Divisionsstärke auftritt. Sie halten keine Volksreden über das Wesen der Tapferkeit. Sie sind nur dann mutig, wenn's darauf ankommt!

Freunde in der Not … Wer verdient diesen Ehrentitel? Das lehrt nur die Not selber. Nun, an Not leiden wir auch heute noch keinen Mangel. Drum lasst uns achtgeben, wie unsere wahren Freunde aussehen! Die Gelegenheit ist günstig.

Der Fluchthelfer

Die Fliege klebt nicht mehr an der Tüte. Es hat ihr jemand aus dem Leim herausgeholfen. Eine Art Tierfreund? Der Vergleich hinkt. Denn eine zappelnde Fliege zu befreien ist selbst in Diktaturen nicht verboten. Aber einem Manne wie mir, einem Asphaltliteraten, vom Berliner Asphalt fortzuhelfen, war riskant. Und das Risiko, das jener »Jemand« eingegangen ist, wird erst mit dem Krieg vorüber sein. Wann also? Ich weiß es nicht und mache mir Sorgen. Er weiß es nicht und lacht.

Die letzte Berliner Tagebuchnotiz stammt vom 9. März. Seit einer Woche sind wir in Tirol. Es gibt einiges nachzutragen.

Es begann damit, dass sich Lotte und Eberhard auf dem Ufa-Gelände begegneten und er sie erstaunt fragte: »Warum sind Sie eigentlich noch hier?« Sie antwortete: »Weil Erich nicht fortkann.« Da sagte er: »Das lässt sich arrangieren. Ich fahre übermorgen zu Außenaufnahmen. Wenn er will, nehm ich ihn mit. Kommt heute Abend zu mir. Da besprechen wir alles.«

Am Abend besprachen wir alles. In der über alten Wagenremisen und Pferdeställen hübsch eingerichteten Kutscheretage, die zu Brigitte Horneys Babelsberger Grundstück gehört. Es war zugleich der Abschied von Lottes Barockschrank, den niederdeutschen

87

Stühlen und ziemlich kostbaren Büchern, die wir, nach den ersten schweren Angriffen auf Charlottenburg, hier untergestellt hatten.

Er setzte sich an die Schreibmaschine und stellte, auf meinen Namen, alle notwendigen Papiere aus. Es waren von Staatsrat Hans Hinkel blanko unterzeichnete Formulare. Eberhard schrieb, ich sei der Autor des Drehbuchs, das in Mayrhofen verfilmt werde, und vervollständigte die Gültigkeit der Ausweise durch seine eigne Unterschrift. Am übernächsten Abend zehn Uhr führen wir los, sagte er dann. In einem noch ganz brauchbaren Zweisitzer, einem DKW. Und Lotte? Sie würde, in ihrer Eigenschaft als Dramaturgin der Ufa, von Liebeneiner, dem Produktionschef, nach Innsbruck geschickt werden, um mit einem dort wohnhaften Schriftsteller einen Filmstoff zu erörtern. Dazu bedürfe es keiner Camouflage. Und von Innsbruck nach Mayrhofen sei es ein Katzensprung.

Den nächsten Tag verbrachte ich auf Ämtern. Ich ging zur Polizei, zur Lebensmittelkartenstelle und ins Büro des Volkssturms. Und überall erhielt ich, aufgrund der vorgezeigten Ausweise, weitere notwendige Papiere. Es lief wie am Schnürchen. Am unbehaglichsten fühlte ich mich auf der Bank am Olivaer Platz. Denn hier hatte mich die Gestapo zum ersten Male verhaftet. Hier war, länger als ein Jahr, mein Konto gesperrt gewesen. Hier wusste man, dass mir der Staat nicht grün sei. Deshalb traute ich mich nicht, mein Geld bar abzuheben, sondern verlangte einen Reisescheck. Als der Angestellte wiederkam und erklärte, er könne mir keinen Scheck ausstellen, hielt ich den Atem an. Als er hinzufügte, sie hätten keine Scheckformulare in der Filiale, wurde mir wohler. Ob mir mit dem

Barbetrag gedient sei, wollte er wissen. Ich zeigte mich einverstanden, ließ mir die Summe an der Kasse auszahlen und entfernte mich gemessenen Schrittes.

Am Tage darauf, zehn Uhr abends, fuhren Eberhard und ich davon. Hinter Potsdam wurden wir zum ersten Mal von Feldgendarmen kontrolliert. Eberhard zeigte unsere Papiere. Sie wurden geprüft. Wir durften passieren. Manchmal zuckten Scheinwerfer auf und prüften den Nachthimmel. Manchmal bemerkten wir neben der Autobahn von Tiefffliegern zerschossene Fahrzeuge. Manchmal zirkelten Taschenlampen, ein paar hundert Meter voraus, glühende Kreise, und das hieß immer wieder: »Halt, wer da? Hier Feldgendarmerie!« Man prüfte die Papiere. Die Posten gaben den Weg frei. Und weiter ging's.

Als es zu dämmern begann, kletterte der kleine Wagen den Fränkischen Jura hinan. Plötzlich fiel mir auf, dass neben uns ein rötlicher Schein herlief. Er wich uns nicht von der Seite. Etwas später roch es nach versengtem Gummi. Unsere klammen Füße wurden erstaunlich warm. Nun sprangen wir aus dem Auto. Es war höchste Zeit. Unterm Vordersitz züngelten Flammen. Funken sprühten aus dem Auspuff. Das Chassis schmorte. Erst schmissen wir die Benzinkanister auf die Straße. Dann zerrte Eberhard Wolldecken aus dem Wagen, warf sich zu Boden und versuchte, das Feuer zu ersticken. Das half nichts. Nun brannten auch die Decken. Ich stand ratlos daneben und blickte mich nach Hilfe um. Es war zwecklos. Kein andres Auto. Kein Gehöft. Kein Mensch. Kein Wasser. Doch da entdeckte ich einen Schneehaufen, und nun rannte ich los. Nachdem ich den letzten Schnee weit und breit zusammengekratzt und im Dauerlauf herangeschleppt hatte, kroch Eberhard, verrußt und zufrieden, unterm Auto hervor. Das Feuer war tot. Wir fuhren langsam weiter.

Gegen acht Uhr morgens roch es wieder nach Gummi und glimmendem Sperrholz. Diesmal fanden wir Bauern und Eimer mit Wasser. Und so trafen wir zwölf Stunden nach der Abfahrt aus Babelsberg, ziemlich pünktlich und wohlbehalten, bei Eberhards Freunden, einer Familie Weiß, in P. ein. Der Gutshof liegt, nicht weit von Fürstenfeldbruck, mitten im Moos. Der Frühstückstisch war schon gedeckt. Mit hausschlachtener Wurst und geräuchertem Speck. Wir hatten Hunger und ließen uns nicht lange bitten.

Glückwünsche für Carl Zuckmayer

Lieber Zuck,

erinnerst Du Dich an »Schwannecke«? Was für eine Frage? Erinnerst Du Dich an Dein Stück für Kinder, »Kakadu Kakada«, und an die Aufführung in der Nürnberger Straße? Wahrscheinlich. Und erinnerst Du Dich an meine Kritik darüber in der »Weltbühne«? Wohl kaum. Seitdem ist viel Wasser in den Atlantik geflossen. Seitdem wurde viel Wasser in unseren Wein geschüttet. Es war vor einem Vierteljahrhundert.

Wenige Tage nach der Premiere und dem Erscheinen der Kritik saß ich bei Schwannecke und plagte mich mit meinem obligaten Wochengedicht für den »Montag Morgen« herum. Da kamst Du, mit einer fröhlichen Gesellschaft und selber sehr vergnügt, ins Lokal. Jonny – erinnerst Du Dich noch an ihn? – kletterte mit eurer Garderobe in den Keller. Ihr nahmt Platz und bestelltet bei Charlie – erinnerst Du Dich noch an ihn? – geistige Getränke.

Euer Tisch befand sich nicht weit von meinem, und mir war ein bisschen unbehaglich zumute. Du kanntest mich zwar nicht von Ansehen. Denn Du warst jung und berühmt, und ich war nur jung. Aber wenn nun einer aus Deiner Runde gesagt hätte: »Dort sitzt Erich Kästner« … Ich war zwar nach Berlin gekommen, um das Fürchten zu lernen. Aber doch nicht bei Schwannecke! Und meine Theaterkritik war, dezent ausgedrückt, das akkurate Gegenteil einer Lobeshymne gewesen!

Und da sagte jemand aus Deiner Runde: »Dort sitzt Erich Kästner!«

Du drehtest Dich um, sahst mich an, und ich kam mir vor wie bei einem Fotografen, der mit Kopfstütze arbeitet. Es gibt gemütlichere Situationen. Schließlich standst Du auf, tratst an meinen Tisch und meintest, nach einigem Schweigen: »Ihnen hat mein Stück nicht gefallen. Mir hat Ihre Kritik nicht gefallen. Beides kann vorkommen. Ich glaube, wir sind quitt.« Dann gingst Du an Deinen Tisch zurück, setztest Dich, hobst das Glas und trankst mir lächelnd zu.

Das, lieber Zuck, war unsre erste Begegnung. Eine kleine Erinnerung an Dich. Ein wichtiges Erlebnis für mich. Wer es ehrlich meinte, den ließ man gelten. Wer Talent hatte, wurde akzeptiert. Man verletzte, wenn es sein musste, einander. Man verletzte niemals die Spielregeln. Es war eine schöne Zeit. Und es ist lange her.

Unsre Generation kommt in die Jahre. Heute gratulier ich Dir zum Sechzigsten. In drei Jahren, wenn alles gut geht, gratulierst Du mir. Was ich Dir wünsche? Halte die Ohren steif! Von ganzem Herzen und immer

Dein *Erich*

An Werner Buhre

München, den 24. 2. 49

Lieber Werner,

mir ist nicht ganz klar, wieso Du von Dir so lange nichts mehr hast hören lassen. Hoffentlich liegt's nicht daran, dass Du etwa krank geworden bist.

Unseren Geburtstag hätten wir doch mindestens traditionsgemäß gemeinsam befeiern sollen. Sei auf alle Fälle so lieb und lass von Dir hören. Ich bin zwar den März über verreist, aber bei unserem Eifer Briefe zu schreiben, ist ja nicht zu befürchten, dass eine Antwort von Dir früher als Anfang April eintreffen wird.

Mit den besten Geburtstagswünschen für uns beide

Dein Erich

2. 10. 56

Lieber Werner,

Ich schicke Dir, parallel zu diesen Zeilen, die Buchausgabe der »Schule der Diktatoren« und hoffe, dass Dir das Buch ein bisschen Freude macht.

Lass doch gelegentlich einmal von Dir hören. Meine Telefonnummer hast Du ja. Ob Du meist in München oder viel unterwegs bist, weiß ich nicht. Zeit zu einem Plauderstündchen sollten wir eigentlich immer finden.

Da ich die Absicht habe, ein Musical aus »Drei Männer im Schnee« zu machen und da für die in Frage kommende Kombination ein großer Verlag interessiert ist, wüsste ich gerne, ob Du seinerzeit, also im Jahre 1934, mit dem Chronos-Verlag für »Das lebenslängliche Kind« einen Vertrag geschlossen und denselben womöglich noch im Besitze hast. Juristisch genommen handelt es sich ganz einfach darum, ob ich den Roman ohne weiteres zur Grundlage eines musikalischen Stücks machen kann, ohne deswegen die Rechte des Chronos-Verlags zu tangieren. […]

Mit den herzlichsten Grüssen
Dein [Erich]

6. Mai 64/Agra
Lieber Werner,

danke schön für Deine Zeilen vom 1. Mai! Irgendwann in diesem Monat muss ich mal einige Tage nach München, um u. a. mit den Leuten vom Gärtnerplatz-Theater zu palavern, für die ich ein Musical schreiben soll. Über Pfingsten hinfahren, das mag ich nicht, wegen des Rummels allenthalben. Vorher kann ich nicht, da mein Pass, zwecks notwendiger Aufenthaltsverlängerung, bei der Tessiner Polizei schmort. Und nach Pfingsten, wie's nötig werden könnte, kämen wir mit Deinem geplanten Lugano-Termin ins Schleudern.

Ergo: Könntest Du den Besuch hier am Reise*schluss* einbauen?
Wenn nein, dann rufe mich doch mal morgens zwischen 10 und
12^h an, ja?

Tel.: Lugano 27 981.

Es wird Zeit, dass wir uns mal wiedersehen.

Herzlichst
Dein Erich

Missverständnisse und Männerfreundschaft

Schulze und Kesselhuth waren, vorübergehend, allein. »Herr Geheimrat«, meinte Johann verzweifelt, »wollen wir nicht lieber wieder abreisen?«

Schulze war offenbar taub.

»Es ist etwas Schreckliches geschehen«, flüsterte Johann. »Stellen Sie sich vor: als ich vorhin ankam …«

»Noch ein Wort«, sagte der Geheimrat, »und ich erschlage Sie mit der bloßen Hand!« Es klang absolut überzeugend.

»Auf die Gefahr hin …«, begann Johann. Doch da öffnete sich die Fahrstuhltür, und Herr Hagedorn trat heraus. Er steuerte auf die Portiersloge zu und hielt eine Postkarte in der Hand.

»Fort mit Ihnen!«, flüsterte Schulze. Herr Kesselhuth gehorchte und setzte sich, um in der Nähe zu bleiben, an einen der Tische, die in der Halle standen. Er sah schwarz. Gleich würden der Millionär, den man hier für einen armen Teufel hielt, und der arme Mann, den man hier für einen Millionär hielt, aufeinandertreffen! Die Missverständnisse zogen sich über dem Hotel wie ein Gewitter zusammen!

Der junge Mann bemerkte Herrn Schulze und machte eine zuvorkommende Verbeugung. Der andere erwiderte den stummen Gruß. Hagedorn sah sich suchend um. »Entschuldigen Sie«, sagte er dann. »Ich bin eben erst angekommen. Wissen Sie vielleicht, wo der Hotelbriefkasten ist?«

»Auch ich bin eben angekommen«, erwiderte der arme Mann. »Und der Briefkasten befindet sich hinter der zweiten Glastüre links.«

»Tatsächlich!«, rief Hagedorn, ging hinaus, warf die Karte an seine Mutter ein, kam zufrieden zurück und blieb neben dem andern stehen. »Sie haben noch kein Zimmer?«

»Nein«, entgegnete der andere. »Man scheint im Unklaren, ob man es überhaupt wagen kann, mir unter diesem bescheidenen Dach eine Unterkunft anzubieten.«

Hagedorn lächelte. »Hier ist alles möglich. Wir sind, glaube ich, in ein ausgesprochen komisches Hotel geraten.«

»Falls Sie den Begriff Komik sehr weit fassen, haben Sie recht.«

Der junge Mann betrachtete sein Gegenüber lange. Dann sagte er: »Seien Sie mir nicht allzu böse, mein Herr! Aber ich möchte für mein Leben gern raten, wie Sie heißen.«

Der andere trat einen großen Schritt zurück.

»Wenn ich beim ersten Mal danebenrate, geb ich's auf«, erklärte der junge Mann. »Ich habe aber eine so ulkige Vermutung.« Und weil der Ältere nicht antwortete, redete er weiter. »Sie heißen Schulze! Stimmt's?«

Der andere war ehrlich betroffen. »Es stimmt«, sagte er. »Ich heiße Schulze. Aber woher wissen Sie das? Wie?«

»Ich weiß noch mehr«, behauptete der junge Mann. »Sie haben den zweiten Preis der Putzblank-Werke gewonnen. Sehen Sie! Ich gehöre nämlich zu den kleinen Propheten! Und jetzt müssen Sie raten, wie ich heiße.«

Schulze dachte nach. Dann erhellte sich sein Gesicht. Er strahlte förmlich und rief: »Ich hab's! Sie heißen Hagedorn!«

»Jawoll ja«, sagte der Jüngere. »Von uns kann man lernen.«

Sie lachten und schüttelten einander die Hand.

Schulze setzte sich auf seinen Spankorb und bot auch Hagedorn ein Plätzchen an. So saßen sie, im trauten Verein, und gerieten umgehend in ein profundes Gespräch über Reklame. Und zwar über die Wirkungsgrenze origineller Formulierungen. Es war, als kennten sie einander bereits seit Jahren.

Herr Johann Kesselhuth, der sich eine Zeitung vors Gesicht hielt, um an dem Blatt vorbeischauen zu können, staunte. Dann fing er an, einen Plan zu schmieden. Und schließlich begab er sich mit dem Lift ins zweite Stockwerk, um zunächst sein Zimmer, mit Bad und Balkon, kennenzulernen und die Koffer auszupacken.

Damit die neuen Anzüge nicht knitterten.

Als Kühne und Polter, nach eingehender Beratung, die Halle durchquerten, saßen die beiden Preisträger noch immer auf dem durchnässten, altersschwachen Spankorb und unterhielten sich voller Feuer. Der Portier erstarrte zur Salzsäule und hielt den Direktor am Smoking fest.

»Da!«, stieß er hervor. »Sehen Sie sich das an! Unser verkappter Millionär mit Herrn Schulze als Denkmal! Als Goethe und Schiller!«

»Einfach tierisch!«, behauptete Karl der Kühne. »Das hat uns noch gefehlt! Ich transportiere den Schulze in die leerstehende Mädchenkammer. Und Sie deuten dem kleinen Millionär an, wie peinlich es uns ist, dass er ausgerechnet in unserem Hotel einen richtiggehend armen Mann kennenlernen musste. Dass wir den Schulze nicht einfach hinausschmeißen können, wird er einsehen. Immerhin, vielleicht geht der Bursche morgen oder übermorgen freiwillig. Hoffentlich! Er vergrault uns sonst die andern Stammgäste!«

»Der Herr Doktor Hagedorn ist noch ein Kind«, sagte der Portier nicht ohne Strenge. »Das Fräulein, das aus Berlin anrief, hat recht gehabt. Bringen Sie schnell den Schulze außer Sehweite! Bevor die Gäste aus den Speisesälen kommen.« Sie gingen weiter.

»Willkommen!«, sagte Direktor Kühne zu Herrn Schulze. »Darf ich Ihnen Ihr Zimmer zeigen?«

Die beiden Preisträger erhoben sich. Schulze ergriff den Spankorb.

Hagedorn sah Schulze freundlich an. »Lieber Herr Schulze, ich sehe Sie doch noch?«

Der Direktor griff ein. »Herr Schulze wird von der langen Reise müde sein«, behauptete er.

»Da irren Sie sich aber gewaltig«, meinte Schulze. Und zu Hagedorn sagte er: »Lieber Hagedorn, wir sehen uns noch.« Dann folgte er dem Direktor zum Lift. [...]

»Darf ich vorstellen?«, fragte Hagedorn. Und dann machte er Geheimrat Tobler und Johann, dessen Diener, miteinander bekannt. Man nahm Platz. Herr Kesselhuth bestellte eine Runde Kognak.

Schulze lehnte sich bequem zurück, betrachtete, gerührt und spöttisch zugleich, das altvertraute Gesicht und sagte: »Doktor Hagedorn erzählte mir eben, dass Sie den Geheimrat Tobler kennen.«

Herr Kesselhuth war nicht mehr ganz nüchtern. Er hatte nicht des Alkohols wegen getrunken. Aber er war ein gewissenhafter Mensch und hatte nicht vergessen, dass er täglich mindestens hun-

dert Mark ausgeben musste. »Ich kenne den Geheimrat sogar ausgezeichnet«, erklärte er und blinzelte vergnügt zu Schulze hinüber.
»Wir sind fast dauernd zusammen!«

»Sie sind vermutlich Geschäftsfreunde?«, fragte Schulze. »Vermutlich?«, sagte Kesselhuth großartig. »Erlauben Sie mal! Mir gehört eine gut gehende Schifffahrtslinie! Wir sitzen zusammen im
Aufsichtsrat. Direkt nebeneinander!«

»Donnerwetter!«, rief Schulze. »Welche Linie ist das denn?«

»Darüber möchte ich nicht sprechen«, sagte Kesselhuth vornehm. »Aber es ist nicht die kleinste, mein Herr!« […]

Schulze stand auf, schlug ans Glas und hob es hoch. Die andern
Gäste blickten unfreundlich zu ihm hin. »Trinken wir darauf«, sagte
er, »dass Herr Kesselhuth für meinen jungen Freund beim ollen Tobler etwas erreichen möge!«

Johann kicherte vor sich hin. »Mach ich, mach ich!«, murmelte er
und trank sein Glas leer.

Hagedorn sagte: »Lieber Schulze, wir kennen uns noch nicht lange. Aber vielleicht sollten wir in diesem Augenblick fragen, ob Herr
Kesselhuth auch für Sie etwas unternehmen kann?«

»Keine schlechte Idee«, meinte Schulze.

Johann Kesselhuth sagte amüsiert: »Ich werde Geheimrat Tobler
nahelegen, auch Herrn Schulze anzustellen. Was sind Sie denn von
Beruf?«

»Auch Werbefachmann«, antwortete Schulze.

»Schön wär's, wenn wir in derselben Abteilung arbeiten könnten«, meinte Hagedorn. »Wir verstehen uns nämlich sehr gut,
Schulze und ich. Wir würden den Toblerkonzern propagandistisch

gründlich aufmöbeln. Er kann's gebrauchen. Was ich da in der letzten Zeit an Reklame gesehen habe, war zum Heulen.«

»So?«, fragte Schulze.

»Grauenhaft dilettantisch!«, erklärte der junge Mann. »Bei dem Reklameetat, den so ein Konzern hat, kann man ganz anders loslegen. Wir werden dem Tobler zeigen, was für knusprige Kerle wir sind! Ist er übrigens ein netter Mensch?«

»Ach ja«, sagte Johann Kesselhuth. »Mir gefällt er. Aber das ist natürlich Geschmackssache.«

»Wir werden ja sehen«, meinte Hagedorn. »Trinken wir auf ihn! Der olle Tobler soll leben!«

Sie stießen an.

»Das soll er«, sagte Kesselhuth und blickte Herrn Schulze liebevoll in die Augen.

Ein paar Tage später

Nach dem Abendessen, das eine Stunde früher als sonst stattgefunden hatte, eilten die Gäste in ihre Zimmer und verkleideten sich.

Gegen zehn Uhr abends füllten sich die Säle, die Halle, die Bar und die Korridore mit Apachen, Bettlern, Zigeunerinnen, Leierkastenmännern, Indianerinnen, Einbrechern, Wilddieben, Zofen, Negern, Schulmädchen, Prinzessinnen, Schutzleuten, Menschenfressern, Spanierinnen, Vagabunden, hochbeinigen Pagen und Trappern.

Es trafen übrigens auch auswärtige Verbrecher, Gepäckträger und Wahrsagerinnen ein. Gäste anderer Hotels. Sie unterschieden sich von den andern dadurch, dass sie Eintritt zahlen mussten. Sie taten es gern. Die Kostümbälle im Grandhotel dauerten bis zum Morgengrauen.

Die Direktion hatte zwei dörfliche Kapellen engagiert. In sämtlichen Sälen erscholl Tanzmusik. Scharen von Einheimischen waren da, in ihren wunderschönen alten Trachten. Die Bauern sollten gegen Mitternacht bodenständige Tänze vorführen, Schuhplattler, Watschentänze und andere international berühmte Sitten und Gebräuche.

Die Tanzweisen vermischten sich, da in jedem Saal etwas anderes gespielt wurde, zu einem wilden, ohrenbetäubenden Lärm. Papierschlangen und Konfetti flogen durch die Luft. Bauernburschen trieben etliche Ziegen und ein schreckhaftes Schwein durch die Säle. Das Ferkel und die zur Lustigkeit entschlossenen Damen quiekten um die Wette.

In der Halle war eine Tombola errichtet. Alles, was überflüssig und entbehrlich ist, war in Pyramidenform vereinigt worden. (Die Lose und die Gewinne bezog der Tanzlehrer seit Jahren von einer Münchner Firma. Und der Reingewinn der Lotterie fiel auf Grund eines Gewohnheitsrechtes an ihn.)

Kesselhuth hatte während des Abendessens mitgeteilt, dass im Großen Saal ein Tisch mit drei Stühlen reserviert sei. Schulze und Hagedorn saßen, von verkleideten Menschen umgeben, an dem für sie bestellten Tisch und warteten auf den Besitzer der gut gehenden Schifffahrtslinie.

Doktor Hagedorn war hemdsärmlig. Den Hals umschlang ein großes rotes Taschentuch. Auf dem Kopf trug er eine schief und tief ins Gesicht gezogene Reisemütze. Er stellte ganz offensichtlich einen Apachen dar.

Schulze hatte sich noch weniger verwandelt. Er trug, diesmal allerdings innerhalb des Hotels, seine übliche sportliche Ausrüstung: den violetten Anzug, die Wickelgamaschen, die kleeblättrigen Manschettenknöpfe, die schwarzsamtenen Ohrenklappen und die feurig rote Pudelmütze. Ihm wurde langsam heiß.

»Wo sind die Schlittschuhe?«, fragte Hagedorn.

»Hören Sie auf!«, bat Schulze. »Erinnern Sie mich nicht an meinen Hinterkopf! Ich hatte völlig vergessen, wie hart so eine Eisbahn sein kann. Als Schlittschuhläufer werde ich nicht mehr auftreten.«

»Und Sie hatten sich so darauf gefreut«, sagte Hagedorn mitleidig.

»Das ist nicht weiter schlimm«, erklärte Schulze. »Ich hatte mich vorübergehend in meinem Alter geirrt.« Er lächelte freundlich. »Wie gefallen Ihnen aber meine Dekorationen, junger Freund?« Er schaute sich zufrieden um.

Hagedorn erklärte, hingerissen zu sein.

»Das ist recht«, sagte Schulze. »Doch wo steckt unser lieber Kesselhuth?«

In diesem Augenblick füllte jemand, der hinter ihnen stand, die drei Weingläser.

»Wir haben keinen Wein bestellt«, sagte Hagedorn erschrocken. »Ich möchte ein helles Bier haben.«

»Ich meinerseits auch«, meinte Schulze.

Da lachte der Kellner. Und als sie sich erstaunt umdrehten, war es gar kein Kellner, sondern Herr Johann Kesselhuth. Er trug die Toblersche Livree, seinen altgewohnten, geliebten Anzug, und blickte Herrn Schulze, um Entschuldigung bittend, in die Augen.

»Großartig!«, rief Hagedorn. »Ich will Sie nicht kränken, Herr Kesselhuth, aber Sie sehen wie der geborene herrschaftliche Diener aus!«

»Ich fühle mich nicht gekränkt, Herr Doktor«, sagte Kesselhuth. »Wenn ich nicht Alexander wäre, möchte ich Diogenes sein.«

Die drei Männer amüsierten sich königlich. Jeder auf seine Weise. Herr Kesselhuth beispielsweise stand, obwohl er schließlich Besitzer einer Schifffahrtslinie war, glückselig lächelnd hinter dem Stuhl, auf dem Schulze saß, und nannte den armen Kerl, der die Eisbahn hatte kehren müssen, bei jeder Gelegenheit »gnädiger Herr«. Und Schulze rief den Reeder Kesselhuth unentwegt beim Vornamen. »Johann, bitte Feuer!« Und: »Johann, Sie trinken zu viel!« Und: »Johann, besorgen Sie uns drei Schinkenbrote!«

Hagedorn meinte: »Kinder, das klappt, als ob ihr die Rollen jahrelang einstudiert hättet.«

»Sie sind ein Schlaumeier«, sagte Schulze. […]

Dann sagte Kesselhuth, der sich wieder hinter Schulzes Stuhl gestellt hatte: »Na, denn Prost!« Sie tranken. Und er fuhr fort: »Gnädiger Herr, darf ich mir eine Bemerkung erlauben?«

»Ich bitte darum, Johann«, sagte Schulze.

»Wir sollten jetzt vors Hotel gehen und auf Kasimirs Wohl trinken.«

104   Der Vorschlag wurde einstimmig angenommen. Kesselhuth

belud sich mit einer Flasche und drei Gläsern. Schulze übernahm die Teddybären. Dann spazierten die drei Männer im Gänsemarsch durch die Säle. Hagedorn schritt voran.

Im Grünen Saal störten sie die Preisverteilung für die gelungensten Kostüme. Im Kleinen Saal behinderten sie durch ihren Vorbeimarsch die von Professor Heltai arrangierten Tanz- und Pfänderspiele. Würdig und ein wenig im Zickzack marschierend, bahnten sie sich unbeirrt ihren Weg.

Der Portier, den besonders waghalsige Ballbesucher mit Konfetti und Papierschlangen verziert hatten, verbeugte sich vor Hagedorn und blickte giftig zu Schulze hinüber, der die Teddybären emporhob und laut zu ihnen sagte: »Schaut euch einmal den bösen Onkel an! So etwas gibt's wirklich.«

Kasimir, der Husaren-Schneemann, sah wieder ganz reizend aus. Die drei Männer betrachteten ihn voller Liebe. Es schneite.

Schulze trat vor. »Bevor wir auf das Wohl unseres gemeinsamen Sohnes anstoßen«, sagte er feierlich, »möchte ich ein gutes Werk tun. Es ist bekanntlich nicht gut, dass der Mann allein sei. Auch der Schneemann nicht.« Er ging langsam in Kniebeuge und setzte die Teddybären, einen zur Rechten und einen zur Linken Kasimirs, in den kalten Schnee. »Nun hat er wenigstens, auch wenn wir fern von ihm weilen, Gesellschaft.«

Dann füllte Herr Kesselhuth die Gläser. Aber der Rest Wein, der in der Flasche war, reichte nicht aus. Und Johann verschwand im Hotel, um eine volle Flasche zu besorgen.

Nun standen Schulze und Hagedorn allein unterm Nachthimmel. Jeder hatte ein halbvolles Glas in der Hand. Sie schwiegen.

Der Abend war sehr lustig gewesen. Aber die beiden Männer waren plötzlich ziemlich ernst. Ein sich leise bewegender Vorhang von Schneeflocken trennte sie.

Schulze hustete verlegen. Dann sagte er: »Seit ich im Krieg war, habe ich keinen Mann mehr geduzt. Frauen, na ja. Da gibt es Situationen, wo man schlecht Sie sagen kann. Ich möchte, wenn es dir recht ist, mein Junge, den Vorschlag machen, dass wir jetzt Brüderschaft trinken.«

Der junge Mann hustete gleichfalls. Dann antwortete er: »Ich habe seit der Universität keinen Freund mehr gehabt. Ich hätte mich nie getraut, Sie um Ihre Freundschaft zu bitten. Menschenskind, ich danke dir.«

»Ich heiße Eduard«, bemerkte Schulze.

»Ich heiße Fritz«, sagte Hagedorn.

Dann stießen sie mit den Gläsern an, tranken und drückten einander die Hand.

Kesselhuth, der, eine neue Flasche unterm Arm, aus der Tür trat, sah die beiden, ahnte die Bedeutung dieses Händedrucks, lächelte ernst, machte behutsam kehrt und ging in das lärmende Hotel zurück.

Der zwiefache Struve

Joachim Seiler saß im Vorgarten des Cafés Hofmann in der Kantstraße, trank ein kleines Pilsner und blickte gespannt zu dem Haus hinüber, in dem er wohnte.

»Tag, Seiler!«, sagte jemand. »Du machst heute so einen somnambulen Eindruck. Wo fehlt's denn?«

»Menschenskind, Struve!«, rief der junge Mann hocherfreut.

»Wir haben uns ja ewig nicht gesehen!«

»Immer diese Übertreibungen!«, meinte Rudi Struve. »Am vorigen Freitag haben wir hier noch beim Schach remis gemacht. Wenn die Ewigkeit nicht länger dauert, ist übermorgen der Jüngste Tag.« Er setzte sich.

»Wo warst du denn inzwischen?«

»Ich hatte viel Arbeit«, erwiderte Seiler. »Und du? Ist die c-Moll-Symphonie fertig?«

»Nicht ganz«, erklärte der Komponist und fuhr sich durch die blonde Mähne. »Mir fiel mal wieder nichts ein. Wie gewöhnlich. Und da fuhr ich nach Bautzen.«

»Wozu ausgerechnet nach Bautzen?«

»Wegen einer alten Flamme. Sie ist dort am Theater. Aber sie hatte gerade keine Zeit.«

»Aha!«, sagte Seiler.

»Erraten«, entgegnete Struve. »Und heute früh wurde ich von der Kriminalpolizei abgeholt! Was sagst du dazu?«

»Nein! Ist das dein Ernst?«

»Ja. Und was glaubst du, was ich verbrochen habe? Ich war erstens gar nicht in Bautzen, sondern in Kopenhagen! So fängt's an. Außerdem habe ich gar keine alte Flamme von mir besuchen wollen. Sondern ich habe das Bild einer englischen Königin geklaut. Jawohl!«

»Wenn das alles stimmte«, sagte Joachim Seiler, »dann säßest du ja jetzt wohl nicht hier, sondern wärest besser aufgehoben.«

Der kleine dicke Komponist fuchtelte drohend mit dem Arm. »Ein Hochstapler hat sich meinen Namen zugelegt. Ist das nicht unglaublich?«

»Unglaublich«, meinte Seiler und blickte angelegentlich zu seinem Haus hinüber.

»Wenn ich den Kerl erwische!«, rief Herr Struve. »Den hacke ich in kleine Würfel!«

»Recht geschieht ihm«, pflichtete der Freund bei.

»Glücklicherweise«, erzählte der erregte Komponist, »wurde ich einem jungen Mädchen und einem alten Mann mit einem Schnauzbart vorgeführt. Er sah aus wie Adamson. Nur viel größer und breiter. Und die beiden lachten, als sie mich sahen! Das war meine Rettung!«

»Wie fandest du die junge Dame?«, fragte Seiler. »War sie hübsch?«

»Sehr hübsch. Aber was ändert das an der Situation?«

Der andere wurde der Antwort auf die nur allzu berechtigte Frage enthoben.

108   Denn auf der anderen Straßenseite hielten zwei große Überfall-

autos. Viele Polizisten sprangen aus den Wagen und stürzten in ein Haustor hinein.

»Das ist doch das Haus, in dem du wohnst?«, fragte Rudi Struve.

»Ganz recht!«

Passanten blieben stehen. Ladenbesitzer traten auf die Straße hinaus. Bewohner der umliegenden Häuser blickten aus den Fenstern. Der Auflauf wurde von Minute zu Minute größer. Wildfremde Menschen kamen miteinander ins Gespräch. Neugierde und Angst machten die diesige Sommerluft noch drückender, als sie schon war.

»Ich scheine heute meinen kriminellen Tag zu haben«, stellte der Komponist fest. »Seit wann wohnen in deinem Hause Verbrecher?«

Der andere schwieg und ließ kein Auge von dem Haustor.

Struve zuckte die Achseln. »Man sollte doch endlich aufs Land ziehen. Zurück zur Natur, was? Schafherden, Gänseblümchen und einfältige, unverdorbene Menschen um sich herum!«

»Auf nach Bautzen!«, sagte Joachim Seiler. »An den Busen der Natur, oder wie deine Bautzener Bekannte sonst heißt!«

»Es ist mein voller Ernst. Die Zivilisation ist der Tod der Kunst.«

»Drückeberger! Die Tatsache, dass dir nichts einfällt, ist doch noch kein Grund, die Geschichte zu bemühen«, erklärte Joachim Seiler.

Die Menge, die sich vor dem Hause Kantstraße 177 gestaut hatte, geriet in Bewegung. Sie machte den Polizisten Platz, die aus dem Tor herauskamen und etwa zwanzig ernst aussehende Männer eskortierten, die man paarweise mit Handschellen aneinander befestigt hatte.

Die Gefangenen wurden auf die beiden Überfallwagen geschoben. Die Polizisten kletterten hinterdrein. Die Autobusse fuhren davon.

Und langsam zerstreute sich die Menge.

Einer der Kellner, der über die Straße gerannt war, um Näheres zu erfahren, kam zurück und wollte ans Büfett, um seine Neuigkeiten auszukramen. Der Komponist Struve hielt ihn am Frackärmel fest.

»Was war denn los, Herr Ober?«

»Da hat sich eine Einbrecherbande von einem Keller des Hauses 178 aus in die 177 durchgebuddelt! Der Portier hat ein Geräusch gehört und die Polizei alarmiert. Und als die Einbrecher durch das Loch in der Kellerwand gekrochen kamen, wurden sie, immer hübsch einer nach dem andern, vom Überfallkommando festgenommen.«

»Was wollte denn die Bande in der 177?«, fragte Rudi Struve.

»Wenn man das wüsste!«, meinte der Ober.

Joachim Seiler lachte. »Vielleicht wollten sie in dem Papiergeschäft ein paar Ansichtskarten kaufen.«

»Ich verstehe das nicht.« Struve schüttelte die Komponistenmähne. »Wozu in aller Welt haben sie sich von dem einen Keller in den andren durchgegraben! Dann konnten sie doch genauso gut direkt in die 177 gehen! Warum denn erst ins Nachbarhaus?«

»Vielleicht war ihnen der gerade Weg zu einfach«, erwog Seiler. »Es gibt eigensinnige Menschen!«

Der Ober wusste es besser. »Wenn sie gleich in die 177 hineingegangen wären, hätte man sie doch entdeckt.«

»So hingegen sind sie der Polizei rechtzeitig entschlüpft«, sagte Seiler.

»Natürlich«, sagte der Kellner. Dann stutzte er. »Man hat sie ja trotzdem erwischt!« Er überlegte eine Weile. »Da soll sich nun ein Mensch hineinfinden! Aber das mit dem Keller muss stimmen.«

»Weshalb denn?«

»Die Einbrecher sahen mächtig ramponiert aus. Mit Kalkflecken auf den Anzügen. Wie die Tapezierer. Von nichts wird nichts!«

Der junge Mann hörte das nicht gern. Meine Wohnung wird gut ausschaun, dachte er resigniert. Ein Glück, dass ich jetzt nicht nachsehen kann.

Der Kellner verschwand im Innern des Cafés, kam aber sofort wieder heraus. »Ein Brief für Herrn Seiler. Er ist in diesem Augenblick abgegeben worden.«

Seiler riss das Kuvert auf. Das Schreiben lautete:

»*Wir hätten einander früher begegnen sollen. Und nicht als Konkurrenten, sondern als Kompagnons. Vielleicht ein andres Mal. Diesmal waren Sie mir über. Meinen Respekt.*«

Der junge Mann steckte den Brief ein und sah sich um. Er suchte einen Herrn mit weißem Bart und dunkler Brille. Vergebens. Er lief ins Café hinein. »Fräulein«, rief er am Büfett. »Wer hat den Brief abgegeben?«

»Ein großer älterer Herr.«

»Mit weißem Bart?«

»Nein. Glattrasiert.«

»Natürlich!«, rief Seiler.

»Der Herr sah wie ein Gelehrter aus«, meinte das Büfettfräulein.

»Den Mann hätten Sie sehen sollen, als er noch einen Bart um-
hatte! Da sah er wie eine ganze Universität aus!« Seiler rannte in den
Vorgarten und setzte sich wieder neben Struve, der auf der Marmor-
tischplatte komponierte. Er hatte mit einem kleinen Bleistift fünf
parallele Linien gezogen und tupfte einen Notenkopf neben den andern.

Seiler blickte missmutig auf die Straße. Plötzlich zuckte er wie
elektrisiert zusammen und umklammerte Struves Arm.

»Stör mich nicht!«, knurrte der andere. Er pfiff das Thema, das
er notiert hatte, sanft und leise vor sich hin. Er glich einem Kind auf
dem Spielplatz.

»Mensch!« Seiler rüttelte den Tondichter. »Siehst du dort den
eleganten Herrn im Taxi?«

»Hinter dem Möbelwagen? Neben der Straßenbahn?«

»Ja. Das Taxi kann nicht vorbei. Wir haben Glück. Hör zu, mein
Junge! Wenn du diesen Herrn wohlbehalten am Alex ablieferst,
kriegst du von mir einen Kuss auf die Stirn.«

»Lass das!«

»Tu mir den Gefallen, Rudi!«

»Ich kann doch nicht einen mir völlig fremden Herrn verhaften
lassen!«

»Er ist der Anführer einer Diebesbande!«

»Wenn dich das interessiert, dann fang ihn dir gefälligst selber!«

»Ich habe keine Zeit«, sagte Seiler. »Rudi, los! Ich erzähle dir dann
auch, wer sich in Kopenhagen als Herr Struve herumgetrieben hat!«

Der Komponist wurde lebendig. »Der unter meinem Namen ge-
maust hat?«

»Ebendieser!« Seiler faltete die Hände. »Nun mach doch schon, dass du fortkommst! Der Möbelwagen kann jede Sekunde ausweichen! Dann ist der Kerl weg!«

»Woher kennst du den falschen Struve?«

Seiler beugte sich vor und flüsterte dem Freund etwas ins Ohr. (Er flüsterte es, damit die Leser noch nicht erfahren, was er sagte.)

»Aha. Und du zeigst mir dann meinen Doppelgänger?« Struve zappelte. – »Ja doch!«

»So nahe, dass ich ihm eine kleben kann?«

»Noch näher! Nun schere dich aber fort. Und merke dir die Autonummer!«

»Furioso in Oktaven!«, rief Struve, stülpte sich den Hut auf die Mähne, winkte einem leerfahrenden Taxi und begab sich auf die wilde Jagd. […]

Der Kriminalkommissar blickte auf die Uhr und war überrascht. »Ich muss mich verabschieden. Auch ich muss ins Büro. Die Bande, die Herr Direktor Seiler freundlicherweise in seiner Wohnung eingesperrt hatte, brennt darauf, sich mit mir ausführlich zu unterhalten.«

»Erinnern Sie mich nicht an meine Wohnung!«, bat der junge Mann. »Ich fürchte, die Bande hat, als das Überfallkommando anrückte, mein bescheidenes Mobiliar zu Barrikaden verarbeitet.«

Der Kunstsammler reichte dem jungen Mann einen Scheck.

»Hier ist die Belohnung, Herr Direktor. Für den in Ihrer Wohnung entstandenen Schaden komme ich selbstverständlich auf.«

Sie gaben einander die Hand. Seiler bedankte sich. Der Sammler winkte ab. »Dieser Holbein«, er wies auf das Holzkästchen, »bedeutet für mich alten Narren viel mehr, als sich in Ziffern ausdrücken lässt. Fräulein Trübner wird so nett sein, Ihnen bei der Beschaffung der neuen Möbel zu helfen.«

»Großartig!« Seiler war begeistert. »Ich halte viel von Fräulein Trübners Geschmack.«

Es klopfte.

Ein Polizist trat ein und schlug die Hacken zusammen. »Herr Kommissar, Inspektor Krüger schickt uns. Wir sollen Ihnen einen Mann vorführen, den wir im Kaufhaus des Westens aus einem Schaufenster herausgeholt haben. Stören wir? Der Inspektor meinte, hier seien Herrschaften, die den Mann identifizieren und auch sonst zweckdienliche Angaben machen könnten.«

»Warum bringt ihr denn nicht gleich das ganze Untersuchungsgefängnis mit?«, fragte der Kommissar. »Also herein mit dem Kerl!«

Der Wachtmeister rief etwas in den Korridor hinaus und trat zur Seite. Etliche Polizisten führten einen älteren, elegant gekleideten Herrn ins Zimmer. Er war glattrasiert, schaute sich gelassen um und runzelte, als er Joachim Seiler entdeckte, die hohe Stirn.

Hinter den Beamten schusselte der kleine dicke Komponist Struve ins Zimmer. Die blonde Mähne hing ihm in Strähnen ins Gesicht. Und die Krawatte war arg verrutscht. »Ich hatte gehofft, Sie niemals wiederzusehen«, sagte er streng zum Kommissar. Dann begrüßte er die anderen. Zuletzt seinen Freund Seiler. »Menschenskind, hoffentlich habe ich den Richtigen aufgetrieben.«

»Es ist der Richtige«, erwiderte Seiler. »Der weiße Bart ist zwar verschwunden und die dunkle Brille auch. Doch der Herr, der so gern Briefe schreibt, ist übrig geblieben.«

»Wahrhaftig«, flüsterte Irene Trübner. »Jetzt erkenne ich ihn auch wieder.«

»Der Herr aus der Pension Curtius!«, erklärte Fleischermeister Külz überrascht. »So muss ich Sie wiedersehen!«

»Ich hätte uns gern den Anblick erspart«, entgegnete der Verhaftete zuvorkommend.

Der Kriminalkommissar fragte: »Wie heißen Sie?«

»Professor Horn.«

»Sollten Sie sich da nicht irren?«, fragte der Kommissar. »Wäre es nicht ebenso gut möglich, dass Sie gar kein Professor sind und Klotz heißen?«

»Auch das ist möglich«, sagte der Bandenchef. »Es wäre unhöflich, Ihnen zu widersprechen.«

»Ein ungewöhnliches Zusammentreffen«, behauptete der Kommissar. »Es ist zwar schon oft vorgekommen, dass Ihre Firma einen Diebstahl beging und dass wir Sie nicht gekriegt haben. Aber dass Ihnen ein Diebstahl misslang und wir Sie trotzdem erwischt haben, ist neu.«

»In der Tat«, meinte der Professor. »Ein Novum! Daran ist der junge Mann schuld.« Er wies auf Seiler. »Ich glaubte, bis ich dieses Zimmer betrat, er sei ein Konkurrent von uns. Und nun muss ich zu meinem Bedauern feststellen, dass er seine Talente als sogenanntes nützliches Glied der sogenannten menschlichen Gesellschaft vergeudet.« Er blickte Seiler spöttisch an. »Es berührt mich schmerzlich, Sie in dieser Umgebung zu sehen. Sie berauben sich vieler Abenteuer und verscherzen sich eine große Zukunft.« Er zuckte die Achseln. »Ich schlage vor, dass man mich von hier entfernt.«

»Ein Vorschlag, der vieles für sich hat«, sagte der Kommissar und gab den Polizisten einen Wink. Sie verließen mit Herrn Klotz das Zimmer. – Struve wurde von dem Kommissar wegen seines Erfolges als Kriminalist belobigt.

Der Komponist wehrte die Komplimente ab. »Ich hab's ja nur getan, weil mir Seiler versprochen hat, mir nun den Kerl zu zeigen, der sich widerrechtlich meines Namens bedient hat. Damit ich endlich die Ohrfeigen loswerden kann, die in mir schlummern.«

»Sie wissen nicht, wer der falsche Struve war?«, fragte Irene Trübner verblüfft.

»Ich habe keine Ahnung«, erwiderte Struve.

Külz schmunzelte. »Na, da können Sie ja nun Ihre Backpfeifen an den Mann bringen.«

»Was denn?« Der kleine dicke Musiker starrte den Fleischermeister an. »Der Bursche ist hier im Zimmer?« Die anderen nickten.

»Seiler«, murmelte Struve. »Wer von den Anwesenden war's? Schnell! Spanne mich nicht auf die längst abgeschaffte Folter!«

»Ich war es selber!«, antwortete der junge Mann. »Rudi, nimm mir's nicht allzu übel. Mir fiel gerade kein anderer Name ein. So, und jetzt hau kräftig zu. Ich verspreche dir, nicht wiederzuhauen.«

Struve lächelte verlegen. Dann gab er Seiler einen kräftigen Rippenstoß und meinte: »Unter Freunden? Nee. Nun steh ich mit meinen zwei latenten Ohrfeigen in der Beuststraße und weiß nicht, wohin damit!«

»Das muss ein scheußlicher Zustand sein«, meinte der alte zierliche Herr Steinhövel.

Zu Ernst Penzoldts sechzigstem Geburtstage

(14.6.52)

Auf die Gefahr hin, von den Lesern endgültig für nicht seriös gehalten zu werden, sehe ich mich, trotz des festlichen Anlasses, genötigt, eine unfeierliche Erklärung abzugeben: Ich bin außerstande, von meinem Freund Ernst Penzoldt im Folgenden als »Ernst Penzoldt« zu sprechen. Ich hab's versucht. Der Papierkorb ist mein Zeuge. Es ging nicht. Bei jedem »Penzoldt«, das ich hinschrieb, wurde mir zumute, als geriete ich vom Wege. Genauso gut könnte ich Vetter Fritz das Sie anbieten, meine schwarze Katze Pola gnädiges Fräulein nennen und das Mandelbäumchen vorm Fenster Herr Mandelbaum.

Ich käme in die falsche Tonart, und wer könnte das im Ernste wünschen, lieber Ernst?

Die Jahre, die man zählt, besagen nichts über das eigentliche Alter. Es gibt Menschen, die schon als Greise zur Welt kommen. Es gibt Menschen, die bis ans Ende Kinder bleiben. Es gibt Frauen, die ihr Leben, nahezu vom ersten bis zum letzten Tage, als Backfische verbringen. Mein Freund Ernst (Penzoldt), der nun also sechzig Jahre alt wird – er war, ist und wird etwas Seltenes bleiben: ein Jüngling. Ein poetischer Jüngling mit schwärmerischem Anflug, naiv und anmutig, verschmitzt und verspielt, am Leben und am Tode rätselnd, ins Träumen verliebt, dem Guten im Schönen auf der Spur, von Haus aus fränkisch, im Wesen ein wenig altfränkisch. Die Werthertracht, der Biedermeierfrack, ja noch der Bratenrock unserer Väter säße ihm echter als das, was man heute trägt, in einer Zeit ohne Stil, im Zeitalter der Konfektion. Ernst ist eine Individualität, und die letzten dieser Mohikaner haben's in der Mitte des zwanzigsten Jahrhunderts nicht eben leicht.

Ein Jüngling, eine Individualität und, damit noch nicht genug, ein Mensch voller Achtung vor der Tradition. Der Humanismus ist der ästhetische, das Christentum ist der ethische Pol seiner Welt. Wenn man ihn schon katalogisieren müsste, hieße ich ihn einen attischen Protestanten. Und er ist noch mehr und anderes: ein Schriftsteller, der malt und zeichnet, ein Dichter, der kaum Gedichte geschrieben hat; ein Lebensfrommer, der mit den Krankheiten gut Freund ist, ein sanftmütiger, herzenshöflicher Mann, mit der kühnsten Nase, die ich jemals erblickt habe – jeder Condottiere hätte ihn darum beneidet.

Und all das Widersprüchliche in Gesicht, Hirn und Herz führt nicht zum Widerspruch. Denn Ernst ist, trotz des irreführenden Vornamens, heiter und hat, was mehr ist, Humor. In diesem entscheidenden Punkt blieb er kein Jüngling. Denn wenn auch der Humor, wie vermutet werden darf, zu den angeborenen Gaben zählt, so kommt er doch, wie die Äpfel und Zwetschgen, erst im Herbste recht zum Vorschein. Freilich gibt es ihn seltener. Die Nadelbäume sind auch in der Literatur häufiger als die Obstbäume. Da vielen Lesern poetische Tannenzapfen besser schmecken als saftig erdichtete Birnen, lässt der literarische Ernährungszustand der Deutschen einigermaßen zu wünschen übrig. Wie auch das Einkommen und Ansehen der Humoristen. Beides ist aufs tiefste zu bedauern. Immerhin, ein Tannenzapfenesser hat's im Grunde noch etwas schwerer als ein Birnbaum.

Da ich sowieso kaum vom Schriftsteller, sondern fast nur vom Individuum vornamens Ernst gesprochen habe, mag zum Schluss ein kleines Erlebnis folgen, das wir mit ihm vor Jahren, eines Nachts, in einem Eisenbahnabteil hatten. Es war viel gelacht, gehechelt und erzählt worden. Ernst wurde müde, lehnte sich ins Polster zurück und schlief ein. Wir schwiegen und hörten ihn friedlich atmen. Nach ungefähr zehn Minuten fuhr er hoch, griff in die Westentasche, brachte ein Medikamentenröhrchen zum Vorschein und meinte, verschmitzt lächelnd: »Nein, so etwas! Jetzt hätte ich doch fast geschlafen, ohne meine Schlaftabletten einzunehmen!«

Und so möchte ich von ihm als Schriftsteller nur sagen: Er schreibt, wie er lebt, weil er lebt, wie er schreibt.

Herrn Bremser geht ein Licht auf

Freitags kam Pünktchen eine Stunde früher als sonst aus der Schule. Direktor Pogge wusste das und schickte den Schofför mit dem Auto hin, dass er das Mädchen mit dem Wagen heimführe. Um diese Zeit brauchte er das Auto noch nicht, und Pünktchen fuhr so gern im Auto.

Der Schofför legte die Hand an die Mütze, als sie aus dem Portal der Schule trat, und öffnete den Schlag. Sie lief auf ihn zu und gab ihm begeistert die Hand. »Tag, Herr Hollack«, sagte sie. Die andern kleinen Mädchen freuten sich schon. Denn wenn Pünktchen Pogge mit dem Wagen abgeholt wurde, durften stets so viele mitfahren, wie hineingingen. Heute aber drehte sich Pünktchen auf dem Trittbrett herum, blickte alle betrübt an und sagte: »Kinders, nehmt mir's nicht übel, ich fahre allein.« Da standen nun die andern vorm Auto wie die begossenen Pudel. »Ich habe etwas Wichtiges vor«, erklärte Pünktchen. »Und da wärt ihr mir nur im Wege.« Dann setzte sie sich ganz allein in das große Auto, nannte dem Schofför eine Adresse, er stieg auch ein, fort ging's, und zwanzig kleine Mädchen blickten traurig hinter dem schönen Auto her.

Nach ein paar Minuten hielt der Wagen vor einem großen Gebäude, und das war schon wieder eine Schule!

»Lieber Herr Hollack«, sagte Pünktchen, »einen kleinen Moment, wenn ich bitten dürfte.« Herr Hollack nickte, und Pünktchen lief rasch die Stufen hinan. Es war noch Pause. Sie kletterte in die erste

Etage und fragte einen Jungen, wo das Lehrerzimmer sei. Er führte sie hin. Sie klopfte. Weil niemand öffnete, klopfte sie noch einmal, und zwar ziemlich heftig.

Da ging die Tür auf. Ein großer, junger Herr stand vor ihr und kaute eine Stulle.

»Schmeckt's?«, fragte Pünktchen.

Er lachte. »Und was willst du noch wissen?«

»Ich beabsichtige, Herrn Bremser zu sprechen«, erklärte sie. »Mein Name ist Pogge.«

Der Lehrer kaute hinter und sagte dann: »Na, da komm mal rein.« Sie folgte ihm, und sie kamen in ein großes Zimmer mit vielen Stühlen. Auf jedem der vielen Stühle saß ein Lehrer, und Pünktchen kriegte bei diesem schauerlich schönen Anblick Herzklopfen. Ihr Begleiter führte sie ans Fenster, dort lehnte ein alter, dicker Lehrer mit einer uferlosen Glatze. »Bremser«, sagte Pünktchens Begleiter, »darf ich dir Fräulein Pogge vorstellen? Sie will dich sprechen.«

Dann ließ er die beiden allein.

»Du willst mich sprechen?«, fragte Herr Bremser.

»Jawohl«, sagte sie. »Sie kennen doch den Anton Gast?«

»Er geht in meine Klasse«, erklärte Herr Bremser und guckte aus dem Fenster.

»Eben, eben«, meinte Pünktchen befriedigt. »Ich sehe schon, wir verstehen uns.«

Herr Bremser wurde langsam neugierig. »Also, was ist mit dem Anton?«

»In der Rechenstunde eingeschlafen ist er«, erzählte Pünktchen. »Und seine Schularbeiten gefallen Ihnen leider auch nicht mehr.«

Herr Bremser nickte und meinte: »Stimmt.« Inzwischen waren noch ein paar andere Lehrer hinzugetreten, sie wollten hören, was es gebe.

»Entschuldigen Sie, meine Herren«, sagte Pünktchen, »wollen Sie sich bitte wieder auf Ihre Plätze begeben? Ich muss mit Herrn Bremser unter vier Augen sprechen.« Die Lehrer lachten und setzten sich wieder auf ihre Stühle. Aber sie sprachen fast gar nicht mehr und spitzten die Ohren.

»Ich bin Antons Freundin«, sagte Pünktchen. »Er hat mir erzählt, Sie wollten, wenn das so weiterginge, seiner Mutter einen Brief schreiben.«

»Stimmt. Heute hat er sogar während der Geographiestunde ein Oktavheft aus der Tasche gezogen und darin gerechnet. Der Brief an seine Mutter geht heute noch ab.«

Pünktchen hätte gern einmal probiert, ob man sich in der Glatze von Herrn Bremser spiegeln konnte, aber sie hatte jetzt keine Zeit. »Nun hören Sie mal gut zu«, sagte sie. »Antons Mutter ist sehr krank. Sie war im Krankenhaus, dort hat man ihr eine Pflanze herausgeschnitten, nein, ein Gewächs, und nun liegt sie seit Wochen zu Haus im Bett und kann nicht arbeiten.«

»Das wusste ich nicht«, sagte Herr Bremser.

»Nun liegt sie also im Bett und kann nicht kochen. Aber jemand muss doch kochen! Und wissen Sie, wer kocht? Anton kocht. Ich kann Ihnen sagen, Salzkartoffeln, Rührei und solche Sachen, einfach großartig!«

»Das wusste ich nicht«, antwortete Herr Bremser.

»Sie kann auch seit Wochen kein Geld verdienen. Aber jemand

muss doch Geld verdienen. Und wissen Sie, wer das Geld verdient? Anton verdient das Geld. Das wussten Sie nicht, natürlich.« Pünktchen wurde ärgerlich. »Was wissen Sie denn eigentlich?«

Die anderen Lehrer lachten. Herr Bremser wurde rot, über die ganze Glatze weg.

»Und wie verdient er denn das Geld?«, fragte er.

»Das verrate ich nicht«, meinte Pünktchen. »Ich kann Ihnen nur so viel sagen, dass sich der arme Junge Tag und Nacht abrackert. Er hat seine Mutter gern, und da schuftet er und kocht und verdient Geld und bezahlt das Essen und bezahlt die Miete, und wenn er sich die Haare schneiden lässt, bezahlt er's ratenweise. Und es wundert mich überhaupt, dass er nicht während Ihres ganzen Unterrichts schläft.« Herr Bremser stand still. Die anderen Lehrer lauschten. Pünktchen war in voller Fahrt. »Und da setzen Sie sich hin und schreiben seiner Mutter einen Brief, dass er faul wäre, der Junge! Da hört sich doch Verschiedenes auf. Die arme Frau wird gleich wieder krank vor Schreck, wenn Sie den Brief schicken. Vielleicht kriegt sie Ihretwegen noch ein paar Gewächse und muss wieder ins Krankenhaus! Dann wird der Junge aber auch krank, das versprech ich Ihnen! Lange hält er dieses Leben nicht mehr aus.«

Herr Bremser sagte: »Schimpf nur nicht so sehr. Warum hat er mir denn das nicht erzählt?«

»Da haben Sie recht«, meinte Pünktchen. »Ich habe ihn ja auch gefragt, und wissen Sie, was er gesagt hat?«

»Na?«, fragte der Lehrer. Und seine Kollegen waren wieder von den Stühlen aufgestanden und bildeten um das kleine Mädchen einen Halbkreis.

»Lieber beiß ich mir die Zunge ab, hat er gesagt«, berichtete Pünktchen. »Wahrscheinlich ist er sehr stolz.«

Herr Bremser stieg von seinem Fensterbrett herunter. »Also gut«, sagte er, »ich werde den Brief nicht schreiben.«

»Das ist recht«, sagte Pünktchen. »Sie sind ein netter Mensch. Ich dachte mir's gleich und vielen Dank.«

Der Lehrer brachte sie zur Tür. »Ich danke dir auch, mein Kind.«

»Und noch eins«, sagte Pünktchen. »Ehe ich's vergesse. Erzählen Sie dem Anton ja nicht, dass ich Sie besucht habe.«

»Keine Silbe«, meinte Herr Bremser und streichelte ihr die Hand. Da klingelte es. Der Unterricht begann wieder. Pünktchen sauste die Treppe hinunter, stieg zu Herrn Hollack ins Auto und fuhr nach Hause. Während der ganzen Fahrt wippte sie auf dem Sitzpolster und sang vor sich hin.

Von der Freundschaft

Ob ihr mir's nun glaubt oder nicht: Ich beneide Pünktchen. Nicht oft hat man eine solche Gelegenheit wie sie hier, dem Freund nützlich zu sein. Und wie selten kann man seinen Freundschaftsdienst so heimlich tun! Herr Bremser wird keinen Brief an Antons Mutter schreiben. Er wird den Jungen nicht mehr herunterputzen. Anton wird erst staunen, dann wird er sich freuen, und Pünktchen wird sich heimlich die Hände reiben. Sie weiß ja, wie es dazu kam. Ohne sie wäre es schiefgegangen.

Aber Anton erfährt es nicht. Pünktchen braucht keinen Dank. Die Tat selber ist der Lohn. Alles andere würde die Freude eher verkleinern als vergrößern.

Ich wünsche jedem von euch einen guten Freund. Und ich wünsche jedem von euch die Gelegenheit zu Freundschaftsdiensten, die er jenem ohne sein Wissen erweist. Haltet euch dazu, zu erfahren, wie glücklich es macht, glücklich zu machen!

Im Faltboot über den Atlantik

Zum Mittagessen kamen sie denn auch richtig zu spät. Frau Pogge war tief gekränkt. Aber die anderen drei waren so vergnügt, dass sie es gar nicht bemerkten. [...] Hinterher liefen die beiden Kinder in Pünktchens Zimmer, wo Piefke sie bereits sehnlichst erwartete.

Anton musste sich auf einen Stuhl setzen. Die anderen spielten ihm das Märchen von Rotkäppchen vor. Piefke konnte seine Rolle schon sehr gut. Aber auch diesmal wollte er Pünktchen nicht fressen. »Vielleicht lernt er es, wenn er ein paar Jahre älter geworden ist«, sagte das Mädchen. Anton meinte, die Aufführung sei trotzdem ausgezeichnet gewesen. Er klatschte wie im Theater. Pünktchen verbeugte sich zehnmal und warf Kusshände, und Piefke bellte, bis er ein Stück Zucker bekam.

»Und was spielen wir jetzt?«, fragte Pünktchen. »Ich könnte ja heute mal ›Der bucklige Schneider und sein Sohn‹ sein. Oder spielen wir Mutter und Kind und Piefke ist das Baby? Nein, wir spielen Einbrecher! Du bist Robert der Teufel, ich bin die dicke Berta, und wenn du durch die Tür kommst, haue ich dir mit der Keule über den Kopf.«

»Und wer spielt die drei Polizisten?«, fragte er.

»Ich bin Berta und die drei Polizisten«, erklärte sie.

»Du kannst doch nicht mit dir selber tanzen«, wandte Anton ein. Das war also wieder nichts. »Ich weiß etwas«, sagte er: »Wir spielen die Entdeckung Amerikas. Ich bin Kolumbus.«

»Gut«, rief Pünktchen. »Ich bin Amerika und Piefke ist das Ei.«

»Was ist er?«

»Das Ei«, meinte sie. »Das Ei des Kolumbus.« Das kannte er nicht, es war in der Schule noch nicht dran gewesen.

»Jetzt hab ich's!«, rief er. »Wir spielen: Im Faltboot über den Ozean.« Sie räumten den Tisch ab und stürzten ihn um, dass die Beine nach oben ragten. Das war das Boot. Und während Anton aus der Tischdecke ein Segel machte, ging Pünktchen in die Speisekammer und holte Schiffsvorräte: einen Topf mit Marmelade, die Butterdose, mehrere Messer und Gabeln, zwei Pfund Kartoffeln, eine Schüssel Birnenkompott und eine halbe Schlackwurst. »Schlackwurst ist gut«, sagte sie. »Schlackwurst hält sich monatelang.« Sie packten die Vorräte ins Boot und dann war gerade noch Platz für die Kinder und den Hund. Neben dem Tisch stand eine Waschschüssel mit Wasser. Darin planschte Pünktchen, während sie über den Ozean fuhren, und sagte: »Das Meer ist furchtbar kalt.« Anton stieg mitten auf dem Ozean aus, holte Salz und streute es in die Waschschüssel. »Meerwasser muss salzig sein«, behauptete er.

Dann kam eine Windstille. Die dauerte drei Wochen. Anton ruderte zwar mit Spazierstöcken, aber man kam kaum vom Fleck. Pünktchen und er und Piefke aßen die Schlackwurst auf und Pünktchen jammerte: »Kapitän, die Vorräte gehen zu Ende.«

»Wir müssen aushalten!«, rief Anton. »Dort drüben liegt Rio de Janeiro«, und er zeigte aufs Bett.

»Gott sei Dank«, sagte Pünktchen. »Sonst wäre ich glatt verhungert.« Dabei war sie vom Mittagessen und von der Schlackwurst so satt, dass ihr ganz schlecht war.

»Und jetzt kommt ein scheußlicher Sturm«, sagte Anton, stieg aus und wackelte an dem Tisch. »Hilfe!«, schrie Pünktchen verzweifelt. »Wir gehen unter!« Dann warfen sie die zwei Pfund Kartoffeln über Bord, um das Boot zu erleichtern. Aber Anton und der Sturm ließen nicht nach. Pünktchen hielt sich den Bauch und erklärte: »Ich werde seekrank.« Und Piefke fiel, weil haushohe Wellen kamen, in die Schüssel mit dem Birnenkompott, dass es nur so spritzte. Anton war der Wind und heulte.

Endlich ließ das Unwetter nach, der Junge schob den Tisch ans Bett, und in Rio de Janeiro stiegen sie an Land. Die dortige Bevölkerung begrüßte die Ozeanfahrer aufs Herzlichste. Sie wurden zu dritt fotografiert.

Piefke hatte sich zusammengerollt und leckte begeistert sein klebriges Fell. Es schmeckte nach Birnentunke.

»Vielen Dank für den freundlichen Empfang«, sagte Pünktchen. »Es war eine Zeit voller Entbehrungen, aber wir werden gern daran zurückdenken. Mein Kleid ist leider hin, und heimwärts fahre ich mit der Eisenbahn. Sicher ist sicher.«

»Ich bin Antonio Gastiglione, der Oberbürgermeister von Rio de Janeiro«, brummte der Junge. »Ich heiße Sie und mich bei uns herzlich willkommen und ernenne Sie und Ihren Hund zum Weltmeister im Ozeanfahren.«

»Vielen Dank, mein Herr«, sagte Pünktchen. »Wir werden Ihren Pokal stets hochhalten.« Damit nahm sie die Butterbüchse aus dem Boot und meinte mit Kennermiene: »Echt Silber, mindestens zehntausend Karat.«

Dann ging die Tür auf und Antons Mutter kam herein. Da war

die Freude groß. »Herr Pogge hat mich mit dem Auto abgeholt«, erzählte sie. »Aber wie sieht es denn hier aus?«

»Wir haben soeben den Ozean überquert«, teilte Pünktchen mit, und dann räumten sie das Zimmer auf. Piefke wollte sich aus freien Stücken noch einmal in das Birnenkompott setzen, aber Antons Mutter schlug es ihm rundweg ab.

Bummel durch Salzburg

Salzburg, 22. August, mittags

Ich habe den ersten Autobus nach Salzburg benutzt. Während der Fahrt kam die Sonne hinter den schleppenden Wolken hervor und beschien Reichenhall und Salzburg gleichermaßen. Zu beiden Seiten der Grenze erstreckt sich das gleiche Alpental; zu beiden Seiten spricht man dieselbe deutsche Mundart; hier wie dort trägt man die gleiche Stammestracht, die Lederhosen, die Lodenmäntel, die Dirndlkleider und die lustigen grünen Hüte mit den Rasierpinseln. [...]

Karl entdeckte ich auf einer der Salzachbrücken. Dort skizzierte er mit Buntstiften einen Angler, der im Fluss auf einem herausragenden Stein stand. Ich wartete, bis auch der Hintergrund, die auf einem Hügel gelegene Müllner Kirche mit dem hübschen roten Dach, im Bilde war. Währenddem vergnügte ich mich damit, die Ausländer zu betrachten. Viele von ihnen wollen, was die Tracht anlangt, die Einheimischen übertrumpfen und kommen voll kindlichen Stolzes als Pinzgauer Bauern daher, oder als Lungauer Bäuerinnen; tragen Kropfketten, ohne einen Kropf zu besitzen; haben englisch gerollte Regenschirme über dem Arm oder fahren gar, vom Trachtengeschäft Lanz herrlich ausstaffiert, in Automobilen mit mindestens zwei Chauffeuren! Es stört nicht, es belustigt höchstens. In Salzburg dürfen ja auch die Zuschauer Theater spielen.

Später bummelten wir durch die Gassen, blickten in Tore und Höfe hinein, freuten uns über hölzerne Stiegen, Altane und Bogengänge, kunstvolle Zunft- und Gasthauszeichen, bemalte Heilige in Hausnischen, heitere und fromme Sprüche in den Hohlkehlen der Dachfirste; wir freuten uns über alles, was alt ist!

Denn das ist ja immer wieder augenfällig, und nicht nur in Salzburg: Jeder Fenstersims und jedes Türschloss, jeder Schornstein, jede Ofenkachel und jedes Stuhlbein aus früheren Jahrhunderten verraten Geschmack, Können und Liebe zum Gegenstand. Die Beziehungen beider, des Handwerkers und des Besitzers, zum Haus, zur Tracht, selbst zum winzigsten Hausrat hatten bis zum Biedermeier Geltung. Dann kam die Sintflut, und wo wurde Makart geboren?

In Salzburg!

Wir stiegen zu der Hohensalzburg hinauf. Wir wollten jene vielen in den verschiedensten Epochen gebauten Türme, Tore, Wälle und Bastionen, die vom Tal her als riesige mittelalterliche Bergfestung wirken, aus der Nähe betrachten. Der Anstieg bot mannigfach wechselnde Ausblicke auf die schöne Stadt und das anmutige Hinterland. Als wir droben waren, schauten wir uns gründlich in dem mächtigen Mauerwerk um. Karl zeigte mir zudem wichtige Punkte des Panoramas: Hellbrunn; den Gaisberg; dessen kleinen Bruder, den Nockberg; die weiße Wallfahrtskirche Maria-Plain. Schließlich setzten wir uns in der Burgwirtschaft unter einen der großen bunten Sonnenschirme.

Karl, der dem Hunger seit je dadurch vorbeugt, dass er zu essen anfängt, bevor ihn hungern könnte, bestellte sich ein Beinfleisch mit Beilagen. Ich futterte trotz seiner ernstgemeinten Einwände aus der Reichenhaller Tüte. »Ich werde dir heute sowieso noch unumgängliche Ausgaben verursachen«, sagte ich.

»Willst du dir eine ortsansässige Lederhose anschaffen?«, fragte er. »Oder hast du in einer Buchhandlung eine spannende Broschüre über den deutschen Konjunktiv entdeckt?«

»Ich brauche heute Nachmittag zwei Tassen Kaffee und zwei Stück Kuchen.«

»Seit wann isst du denn zwei Stück Kuchen?« Er schüttelte den Kopf, legte aber gutmütig ein Fünf-Schilling-Stück auf den Tisch.

Ich konnte eine Weile nicht antworten, da man mir für die gesottenen Eier Zucker statt Salz mitgegeben hatte. Es schmeckte schauderhaft. Als ich wieder bei Stimme war, sagte ich: »Erstens werde nicht ich den Kuchen essen; und zweitens will ich kein Bargeld haben. Das widerspricht möglicherweise den einschlägigen Bestimmungen. Ich muss dich bitten, mit mir ins ›Glockenspiel‹ zu kommen und dem Kassierkellner den für zwei Tassen Kaffee, zwei Kuchen und ein angemessenes Trinkgeld entsprechenden Geldbetrag pränumerando in die Hand zu drücken. Ich bin ein Habenichts und gedenke es zu bleiben.«

»Und sobald ich den Kellner bezahlt haben werde, wirst du mich nicht länger zurückhalten wollen.«

»Ich weiß, dass du im Mirabellgarten die steinernen Zwerge skizzieren willst, und Künstlern soll man nicht im Wege sein.«

»Deshalb hast du also den Strauß Alpenveilchen aus Reichenhall herübergeschleppt!«, meinte der Herr Künstler.

Und ich sagte: »Ich wollte dir nicht auch noch wegen Blumen Unkosten bereiten.«

Das war unser erstes Gespräch über Konstanze.

Geburtstagsständchen für Hermann Kesten, fast aus dem Stegreif

Lieber Hermann, die Bibel hat wieder einmal
recht gehabt: »Die Ersten werden die Letzten sein.«
Wochenlang haben wir Kuverts geschrieben und
Drucksachen spediert. Nun endlich
kommen die Freunde an die Reihe. Es sind nicht
sehr viele. Wieso auch, bei einem so ungeselligen
Burschen? Nun, Hermann und Toni: Ich könnte
das meiste in meinem Leben missen. Eure
Freundschaft *nicht!*
Euer Erich
P. S. zu »An die Gratulanten« (Dankgedicht für
die Glückwünsche zum 70. Geburtstag am
23. Februar 1969)

Noch wenn man sich fragt, wo er diesmal stecke,
biegt er brisant um die nächste Ecke,
vielleicht in Soho, vielleicht in Paris
oder in Cannes oder Overseas.
Er reist von Darmstadt nach Marrakesch.
Er reist von Stockholm zur Insel Desch.
Er reist, da gibt's kein Füllfederlesen,
denn was er nicht sah, ist für ihn nicht gewesen.
134   Er reist je nachdem,

wenn's sein kann bequem,
wenn's sein muss billig.
(Und zwölf Jahre reiste er unfreiwillig.)
Der Weltfreund, der Reisende aus Passion,
biegt brisant um die Ecke,
ich sagte es schon.
Und biegt er nicht ein, schaut ins nächste Café:
Dort sitzt er auch schon überm nächsten Essay.
Seit vierzig Jahren weiß ich Bescheid:
Nie hat er Zeit, doch stets hat er Zeit.
Für die Freunde ist ihm kein Graben zu breit.

Genies der Freundschaft wie Hermann Kesten
sind auch in der besten
Welt aller Welten
genau so selten
wie andre Genies.
Tja, lieber Hermann,
nun wissen Sie's.
Bleiben Sie, auch mit siebzig Jahren,
der Freund und Poet, der Sie immer waren!
Kaum nötig zu sagen, trotzdem erklär ich:
Ich bin und bleibe immer

Ihr Erich

Anhang

Anmerkungen

Die bibliographischen Angaben nach den einzelnen Texten geben die Quelle an, der der Text entnommen wurde. Zusätzlich werden Ort und Zeit des Erstdrucks genannt. Für weitergehende Angaben siehe Johan Zonneveld, *Bibliographie Erich Kästner*, Bd. I–III. Aisthesis Verlag, Bielefeld 2011, 2443 S. Ohne Verfassernennung aufgeführte Werke sind von Erich Kästner. Auslassungen innerhalb der ausgewählten Textpassagen sind mit Klammern […] gekennzeichnet.

Die Einzelausgaben der Werke Erich Kästners erscheinen im Atrium Verlag. Die neunbändige Werkausgabe – Erich Kästner, *Werke*. Herausgegeben von Franz Josef Görtz. Bd. I–IX. – erschien 1998 im Hanser Verlag, München/Zürich, die Lizenzausgabe 2004 im Deutschen Taschenbuch Verlag, München. Dient sie als Textvorlage, erscheint in den bibliographischen Angaben die jeweilige Band- und Seitenzahl (I, S. 304 f.). Die folgenden Anmerkungen stützen sich teilweise auf diese Ausgabe sowie auf die Anmerkungen von Sven Hanuschek in *Dieses Na ja!, wenn man das nicht hätte! Ausgewählte Briefe 1909–1972*. Atrium Verlag, Zürich 2003, in: *Der Herr aus Glas*, Erzählungen. Atrium Verlag, Zürich 2015, und in: *Das Blaue Buch. Geheimes Kriegstagebuch 1941–1945*. Atrium Verlag, Zürich 2018.

7 Ein Freund, ein guter Freund …

Vorbemerkung

(Seitenangaben ohne Nennung einer Quelle beziehen sich auf die vorliegende Ausgabe.)

Ein Freund, ein guter Freund …: So beginnt der berühmte Refrain eines Marschliedes, das Werner Richard Heymann 1930 für die Tonfilm-Operette *Die Drei von der Tankstelle* (mit Willy Fritsch, Oskar Karlweis und Heinz Rühmann) geschrieben hat:

Ein Freund, ein guter Freund,
das ist das Beste, was es gibt auf der Welt.
Ein Freund bleibt immer Freund,
und wenn die ganze Welt zusammenfällt.
Drum sei auch nie betrübt,
wenn dein Schatz dich nicht mehr liebt.
Ein Freund, ein guter Freund,
das ist der größte Schatz, den's gibt.

Der Text stammt von Robert Gilbert (eigentlich David Robert Winterfeld, Berlin 1899 – Minusio, Schweiz 1978), Verfasser zahlreicher Operettentexte und bekannter Schlager (»Am Sonntag will mein Süßer mit mir segeln gehn«, »Oh mein Papa«), ab Ende der 1920er-Jahre bis 1933 begehrter Textdichter für Musikfilme, nach Rückkehr aus dem amerikanischen Exil vor allem Übersetzungen amerikanischer Musicallibretti (u. a. My

Fair Lady, Oklahoma!, Cabaret). Es gibt zahlreiche Gesangsaufnahmen des Liedes, eine der berühmtesten stammt von den Comedian Harmonists.

»Freundschaft auf den ersten Blick«: Der kleine Mann und die kleine Miss. Das neunte und letzte Kapitel, VIII, S. 642 (Erstdruck: *Der kleine Mann und die kleine Miss. Roman für Kinder.* Atrium-Verlag, Zürich/Cecilie Dressler Verlag, Berlin 1967). »Der kleine Mann und die kleine Miss staunten einander an und sagten kein einziges Wort, doch dann lächelten beide. Später spürte Mäxchen, wie sich eine Hand in seine Hand schob. Da drückte er herzhaft zu. Es war Freundschaft auf den ersten Blick, und das ist ja auch kein Wunder. Das Große Los zieht man nicht alle Tage, sondern nur einmal im Leben, und nicht einmal das ist ganz sicher.«

»eingebildeter Armer«: in Analogie zu Molières Komödie *Der eingebildete Kranke* (1673) jemand, der sich einbildet, arm zu sein, in diesem Fall Tobler. *Drei Männer im Schnee*, 20. Kap., IV, S. 176 (Erstdruck: *Drei Männer im Schnee. Eine Erzählung.* Rascher & Cie., Zürich 1934).

»Was ich erleben wollte …«: Drei Männer im Schnee, 20. Kap., IV, S. 178.

»Ich brauchte doch wenigstens …«: Münchhausen. Ein Drehbuch, V, S. 312 (Erstdruck:

Gesammelte Schriften, Bd. 4. Atrium-Verlag, Zürich/Cecilie Dressler Verlag, Berlin/Kiepenheuer & Witsch-Verlag, Köln 1958). Das Drehbuch entstand August/September 1941. Kästner schrieb es unter dem Pseudonym Berthold Bürger.

»Freunde wählt man aus freien Stücken ...«: Als ich ein kleiner Junge war. Ein Kind hat Kummer, VII, S. 96 (Erstdruck: *Als ich ein kleiner Junge war. Roman.* Atrium Verlag, Zürich 1957).

Ohser: s. Anm. zu: *Mit Erich Ohser in Paris*, S. 146.

Erich Ohser aus Plauen: IV, S. 633–638 (Erstdruck: Vorwort zu: *Heiteres von E. O. Plauen*, hrsg. v. Erich Kästner. Fackelträger-Verlag, Hannover 1957).

Eberhard Schmidt: s. Anm. zu: *Der Fluchthelfer*, S. 152.

»ungesellig«: P. S. an Hermann Kesten, in: *Das große Erich Kästner Buch*, hrsg. v. Sylvia List. Mit einem Geleitwort von Hermann Kesten. R. Piper & Co. Verlag, München 1975, S. 346 f.

PEN-Präsident: Kästner war von 1951 bis 1962 Präsident des westdeutschen PEN-Zentrums, danach Ehrenpräsident.

Werner Buhre: s. Anm. zu: *An Werner Buhre*, S. 154.

Das lebenslängliche Kind: Dramatisierte Fassung des Stoffs der *Drei Männer im Schnee*.

Koproduktion von Werner Buhre und Erich Kästner, 1934 veröffentlicht unter dem Pseudonym Robert Neuner.

Carl Zuckmayer: s. Anm. zu: *Glückwünsche für Carl Zuckmayer*, S. 153.

Walter Trier: s. Anm. zu: *An Walter Trier*, S. 149.

Edith Jacobsohn: Berlin 1891 – London 1935, gründete 1924 den Kinderbuchverlag Williams & Co. Nach dem Tod ihres Mannes, des Publizisten Siegfried Jacobsohn (1881–1926), Verlegerin der *Weltbühne*, deren Autoren sie regelmäßig in ihre Villa in Berlin-Grunewald einlud. Sie ermunterte Kästner zum Schreiben von Kinderbüchern. In der Folge erschienen *Emil und die Detektive*, *Pünktchen und Anton* und *Der 35. Mai* bei Williams & Co.

Ernst Penzoldt: s. Anm. zu: *Zu Ernst Penzoldts sechzigstem Geburtstage*, S. 156.

»poetischen Figur«: So Hermann Kesten in *Die vergebliche Heimkehr*, anlässlich der Wiederbegegnung mit Ernst Penzoldt im zerstörten Nachkriegsfrankfurt 1949: »... ich war glücklich, ihn lebend vor mir zu sehn. Er hatte zwei Weltkriege überlebt, beide Male als Sanitäter. Er war durchs Dritte Reich gegangen, unbefleckt. Er war eine poetische Figur, als käme er aus einem der Romane von Jean Paul. [...] Penzoldt war einer der weni-

gen Deutschen damals, die einem nicht im ersten Satz ungefragt und ungebeten anvertrauten, wie sie im Dritten Reich gegen Hitler gedacht, gefühlt, heimlich gesprochen und oppositionell gehandelt hatten.« (Vortrag im Bayerischen Rundfunk, 25. Januar 1975, abgedruckt in: Wolfgang Buhl/Ulf von Dewitz (Hg.), *Ich hatte Glück mit Menschen. Zum 100. Geburtstag des Dichters Hermann Kesten.* Beiträge zur Geschichte und Kultur der Stadt Nürnberg, Bd. 24, Stadtbibliothek Nürnberg 2000, S. 21).

»schwersten, schmerzlichsten Verluste …«: Erich Kästners *Nachruf auf Ernst Penzoldt* erschien erstmals im Jahrbuch der Akademie der Wissenschaften und der Literatur, Mainz/Wiesbaden 1955 (nachgedruckt in: *Reden und Vorreden. Gesammelte Schriften für Erwachsene*, Bd. 8, Droemer Knaur, München/Zürich 1969, S. 228–234).

seinen »besten«: In der Absage vom 15. Juni 1954 an N. A. Donkersloot vom niederländischen PEN-Zentrum bittet Kästner zum Schluss, Grüße auszurichten: »… sowie meinem besten Freunde Hermann Kesten. Ihn und seine Toni nicht sehen zu können, schmerzt uns besonders« (*Dieses Na ja!, wenn man das nicht hätte! Ausgewählte Briefe 1909–1972*, hrsg. v.

Sven Hanuschek. Atrium Verlag, Zürich 2003, S. 232).

»Ich denke, es war ein Glück für mich …«: Hermann Kesten, Glückwunschbrief zu Kästners 70. Geburtstag, 20.2.1969, in: *Das große Erich Kästner Buch*, S. 345.

»Genie der Freundschaft«: s. Geburtstagsständchen für Hermann Kesten, S. 134.

»Ich könnte das meiste …«: P. S. an Hermann Kesten in: *Das große Erich Kästner Buch*, S. 346 f., s. S. 134.

»wie glücklich es macht, glücklich zu machen«: s. *Von der Freundschaft*, S. 125.

13 Die alte Freundschaft und die kleinen Erinnerungen. Für Kesten zum 60. Geburtstage

Erstdruck: *Hermann Kesten. Ein Buch der Freunde. Zum 60. Geburtstag am 28. Januar 1960.* Kurt Desch, München/Kiepenheuer & Witsch, Köln/Büchergilde Gutenberg, Frankfurt a. M. 1960, S. 93–97.

Hermann Kesten: Podwołoczyska, Galizien, Österreich-Ungarn (heute Pidwolotschysk, Ukraine) 1900 – Riehen b. Basel 1996. Kindheit und Jugend in Nürnberg, 1919 Abitur am humanistischen Königlich Alten Gymnasium (heue Melanchthon-Gymnasium). Abbruch des Studiums; die Dissertation über Heinrich Mann kam nicht zustande. 1926 erste Publikationen und Reisen durch Europa und Nordafrika. Ende 1927 erster Roman, *Josef sucht die Freiheit*, im Gustav Kiepenheuer Verlag (s.u.), seit September 1928 Lektor in ebendiesem Verlag. Bis 1933 folgten *Ein ausschweifender Mensch* (1928), *Glückliche Menschen* (1931), *Der Scharlatan* (1932), daneben Erzählungen, Bühnenstücke (z.T. in Zusammenarbeit mit Ernst Toller), zahlreiche Beiträge für Zeitungen und Zeitschriften (u.a. *Frankfurter Zeitung, Berliner Tageblatt, Die literarische Welt, Die Weltbühne*) und Maßstab setzende Anthologien mit Texten neuer Autoren. Kesten besaß die Gabe der Freundschaft und das Talent, vielversprechende junge Autoren aufzuspüren, beides kam ihm bei seiner Arbeit als Lektor in Berlin und nach 1933 im Exil zugute. Zu seinem Freundeskreis zählten neben Erich Kästner u.a. Ernst Toller, Ödön von Horváth, Joseph Roth, Klaus Mann, Stefan Zweig. Den von ihm verehrten Heinrich Mann konnte er dazu bewegen, mit seinen Büchern zum Gustav Kiepenheuer Verlag zu wechseln. Nach der Ernennung Adolf Hitlers zum Reichskanzler (30.1.1933) entschloss Kesten sich, so schnell wie möglich zu emigrieren; Ende März gelang ihm und Toni die Ausreise nach Paris. Im Frühsommer 1933 übernahm

Kesten, unter Beibehaltung seines Pariser Wohnsitzes, die Programmleitung der neu eingerichteten deutschen Abteilung des Amsterdamer Allert de Lange Verlags (Autoren u.a. Stefan Zweig, Joseph Roth, René Schickele, Max Brod und Bertolt Brecht). Eigene Romane vor 1939: *Der Gerechte* (1934), *Sieg der Dämonen. Ferdinand und Isabella* (1936), *Ich, der König. Philipp II. von Spanien* (1938), *Die Kinder von Gernika* (1939). Wiederholte Aufenthaltswechsel zwischen Paris, Exilzentren wie Sanary-sur-Mer und Nizza und nördlicheren Orten wie Brüssel, Oostende und Amsterdam. 1938 (Annexion Österreichs) beginnende Visabeschränkungen. Bei Kriegsbeginn Internierung erst in der Radfahr-Arena in Colombes und dann im Arbeitslager bei Nevers. Freilassung nach sechs Wochen auf Intervention von Jules Romains, dem Präsidenten des französischen PEN. Mit dessen Hilfe gerade noch rechtzeitig (18.5.1940) Ausreise in die USA. Toni Kesten, zwischenzeitlich ebenfalls interniert, folgte ihm drei Monate später mit Hilfe von Valerian Fry, dem Verbindungsmann des Emergency Rescue Committee in Europa. Solange das Committee bestand (bis Anfang 1942, kurz nach Kriegseintritt der USA), war Kesten unermüdlich dafür tä-

141

tig, als sog. »honorary advisor«, in New York wie in Washington, und verhalf unzähligen deutschsprachigen Autoren zur Flucht aus Europa – ein »Schutzvater und geradezu Schutzheiliger aller über die Welt Versprengten«, so Stefan Zweig. Literarische Publikationen Kestens nach 1942: Heinrich Heine, Works of Prose (Hg., 1943), Heart of Europe. An Anthology of Creative Writing in Europe 1920–1940 (hrsg. v. Klaus Mann und Hermann Kesten, 1943), Copernicus and His World (1945, deutsch 1948, bei Querido), The Twins of Nuremberg (1946, deutsch 1947, bei Querido). 1949 erhielten Kestens die amerikanische Staatsbürgerschaft. Lange Europareise, Wiederbegegnung mit alten Freunden (u. a. Erich Kästner), Teilnahme am Kongress des internationalen PEN in Venedig. 1953–1977 Wohnsitz in Rom. Zahlreiche Reisen zu deutschen und internationalen PEN-Kongressen, zu Tagungen der Gruppe 47, teilweise kontroverse Beiträge zur neueren und neuesten deutschen Literatur. 1972–1976 Präsident des PEN-Zentrums der Bundesrepublik Deutschland. Weiter regelmäßige Publikationen, am erfolgreichsten: Meine Freunde, die Poeten (1953, erweiterte Fassung 1959). 1974 Verleihung des Georg-Büchner-Preises. Nach Toni Kestens Tod 1977 Übersied-

lung nach Basel und später ins nahe gelegene Riehen in das jüdische Altersheim »La Charmille«. Noch 1995 stiftete Kesten das Preisgeld für die erste Verleihung des Internationalen Nürnberger Menschenrechtspreises.

wie beim Topf im Märchen: Der süße Brei aus den Märchen der Brüder Grimm. Auf den Zauberspruch »Töpfchen koche« bereitet der Topf Hirsebrei zu und hört damit erst wieder auf, wenn man ihm sagt: »Töpfchen steh«.

die Toni und Ihre Mama und Ihre Schwester: Toni Warowitz, Nürnberg 1904 – München 1977, seit 1928 mit Kesten verheiratet. Ida Kesten, 1918 verwitwet, und Gina Kesten, die vier Jahre jüngere Schwester, lebten bis zu Hermann und Toni Kestens Emigration 1933 mit dem jungen Ehepaar in einem Haushalt.

»Wegen meines nächsten Romans«: Glückliche Menschen, erschienen 1931 im Gustav Kiepenheuer Verlag in Berlin.

Joseph Roth: Brody, Ostgalizien, Österreich-Ungarn 1894 – Paris 1939. Schriftsteller und Journalist. Bekannteste Werke: Hiob (1930), Radetzkymarsch (1932), Die Legende vom heiligen Trinker (1939). Als Lektor bei Kiepenheuer und später im Exilverlag Allert de Lange setzte sich Hermann Kesten stets für Joseph Roth ein; er war auch Herausgeber der ersten Werkausgaben Roths nach dem Zweiten Weltkrieg bei Kiepenheuer & Witsch.

Mampe: Mampes Gute Stube, Kurfürstendamm, nahe Ecke Uhlandstraße. Dort war für den nahe gelegenen Gustav Kiepenheuer Verlag allabendlich ein Tisch reserviert, Joseph Roth war Stammgast. Das Lokal diente vor allem der Vermarktung der Weinbrände und Liköre der Firma Mampe. Diese war zeitweise so populär, dass der Werbespruch der Optikerfirma Ruhnke (»Sind's die Augen, geh zu Ruhnke«) umgedichtet wurde zu: »Sind's die Augen, geh zu Mampe, gieß dir einen auf die Lampe. Kannst dann alles doppelt sehn, brauchst nicht mehr zu Ruhnke gehn.«

Kiepenheuer: Gustav Kiepenheuer, Wengern 1880 – Weimar 1949. Verleger. 1909 Gründung des Gustav Kiepenheuer Verlags in Weimar, 1919 Übersiedlung nach Potsdam und von dort nach Berlin. Die meisten Autoren des Verlags mussten, ebenso wie die Lektoren Kesten und Landauer (s. u.), ab 1933 emigrieren oder wurden mit Berufsverbot belegt. Schon bald nach dem Krieg, 1945, kehrte Gustav Kiepenheuer nach Weimar zurück und plante in den Folgejahren eine Neugründung des Verlags zusammen mit Joseph Caspar Witsch, die jedoch vor Kiepenheuers Tod 1949 nicht mehr zustande kam. In dem Namen des von Witsch neu gegründeten Verlags – Kiepenheuer & Witsch – lebt sein Name weiter.

Landshoff: Fritz H. Landshoff, Berlin 1901 – Haarlem 1988. Mitinhaber und Geschäftsführer des Gustav Kiepenheuer Verlags. 1928 stellte er seinen Studienfreund Kesten als Lektor für den Verlag ein. Emigration 1933 nach Amsterdam, wo er zusammen mit Emanuel Querido den links gerichteten Querido-Verlag gründete, in dem er emigrierte Autoren, darunter viele des Gustav Kiepenheuer Verlags, herausbrachte. Nach der deutschen Besetzung 1940 Verlegung des Verlagssitzes zunächst nach Batavia (Jakarta, Indonesien). 1941 Flucht Landshoffs in die USA, 1942 Gründung der L. B. Fischer Publishing Corporation, zusammen mit Gottfried Bermann Fischer. 1946 Rückkehr Landshoffs und des Querido-Verlags nach Amsterdam. 1951 Übernahme des Verlags durch den S. Fischer Verlag Amsterdam. 1953–1985 Mitarbeit Landshoffs in einem New Yorker Kunstbuchverlag.

Landauer: Walter Landauer, Berlin 1902 – Bergen-Belsen 1944. Schulfreund Landshoffs. Lektor im Gustav Kiepenheuer Verlag und damit Kollege Kestens. 1933

143

Flucht aus Deutschland durch Österreich und die Schweiz nach Amsterdam, wo der Verleger Gerard de Lange ihm die Geschäftsführung der deutschen Abteilung des – politisch eher konservativen – Allert de Lange Verlags übertrug. Verantwortlicher Lektor war Hermann Kesten, der immer wieder aus Paris anreiste. Nach der deutschen Besetzung im Mai 1940 musste der Verlag schließen, Landauer konnte zunächst untertauchen, wurde aber 1943 verhaftet und deportiert.

»Wohnungsnot oder die heilige Familie«: Bühnenfassung von Kestens erstem Roman *Josef sucht die Freiheit*. Lt. Kästners Rezension vom 22. Juni 1930 (*»Die heilige Familie« von Kesten und die junge Dramatik überhaupt*, in: *Gemischte Gefühle. Literarische Publizistik aus der »Neuen Leipziger Zeitung« 1923–1933*, Bd. 2, S. 243–245) blieb die nächtliche Uraufführung im Theater am Schiffbauerdamm die einzige Vorstellung dieses Stücks. Im vorliegenden Text spricht Kästner demgegenüber von einer Sonntagvormittagsvorstellung. Debrunner wiederum nennt als Uraufführungsdatum den 12. Juni 1930, einen Donnerstag (Albert M. Debrunner, *»Zu Hause im 20. Jahrhundert«. Hermann Kesten. Biographie*. Nimbus, Kunst und Bücher AG, Wädenswil am Zürichsee 2017, S. 75).

Teatro Olimpico: in Vicenza, erbaut nach einem Entwurf von Andrea Palladio, Baubeginn 1580, Eröffnung 1585. Bauherr war die Olympische Akademie von Vicenza. Es ist eines der ersten freistehenden autonomen Theatergebäude, das seit dem Ende der Antike in Europa errichtet wurde, und zählt heute zum Weltkulturerbe.

Dido: in einer Aufführung von Henry Purcells (!) Oper *Dido and Aeneas*, deren Libretto auf der *Aeneis* von Vergil basiert. *Omnibusreise von Paris nach Nizza*: zum internationalen PEN-Kongress im Juni 1952.

Sperber: Manès Sperber, Zabłotów, Galizien, Österreich-Ungarn (heute Sabolotiw, Ukraine) 1905 – Paris 1984. Sozialpsychologe und Schriftsteller, der auf Deutsch und Französisch schrieb. 1916 Flucht der Familie nach Wien. In den 1920er-Jahren Begegnung mit und Mitarbeit bei Alfred Adler, dem Begründer der Individualpsychologie, 1927 Umzug nach Berlin, Beitritt zur KPD, Tätigkeit als psychologischer Experte und Vortragender. 1933 vorübergehend Schutzhaft, anschließend Ausreise nach Österreich, von dort nach Jugoslawien. Auf Initiative der KP von dort nach Paris. Auf Grund der stalinistischen Säuberungen in der

Sowjetunion Abkehr vom Kommunismus. Wegen drohender Deportation 1942 Flucht in die Schweiz, 1945 Rückkehr nach Paris. Neben schriftstellerischen Arbeiten Tätigkeit als Verlagslektor bei Calmann-Lévy und als von André Malraux entsandter Kulturbeauftragter in Deutschland. Sein bekanntestes Werk ist die Romantrilogie *Wie eine Träne im Ozean* (1949–1955).

Breitbach: Joseph Breitbach, Ehrenbreitstein 1903 – München 1980. Deutschfranzösischer Schriftsteller und sozial engagierter Publizist, der sich als Mittler zwischen Deutschland und Frankreich verstand. Die erste Anstellung als Buchhändler im Augsburger Kaufhaus Landauer verlor er nach Erscheinen seiner Erzählungen *Rot gegen Rot* (1928), in denen er das Los der Warenhausangestellten schilderte. Die anschließende dreimonatige Station als Lektor im Neuen Deutschen Verlag in Berlin, dem Verlag der KPD, kurierte den als links geltenden Breitbach vom Marxismus-Leninismus sowjetrussischer Prägung. Als nunmehr freier Schriftsteller und Journalist übersiedelte er 1930 nach Paris. Erst 1960 nahm er noch eine zweite Wohnung in München. In Paris begann er eine lebenslange Freundschaft mit Jean Schlum-

berger (1877–1968), einem Deutsch-Elsässer, Mitbegründer der renommierten Literaturzeitschrift *Nouvelle Revue Française* (1909) und des Deutsch-Französischen Studienwerks (1926), Kolumnist des *Figaro* und zeit seines Lebens ein Verfechter der deutsch-französischen Verständigung. Dank der politischen Verbindungen Schlumbergers konnte Breitbach als Berater und Publizist starken Einfluss nehmen auf die politischen und kulturellen Beziehungen zwischen Frankreich und Deutschland. Dies umso mehr, als eine größere Erbschaft 1932 ihn finanziell unabhängig machte. Daneben war er weiterhin schriftstellerisch tätig. Sein erster Roman, *Die Wandlung der Susanne Dasseldorf*, erschien 1932 im Gustav Kiepenheuer Verlag, noch unter der Ägide Hermann Kestens, dem er 1933 für mehrere Monate seine Pariser Wohnung überließ. Auch Breitbachs Bücher wurden am 10. Mai 1933 verbrannt. Nur folgerichtig, dass er den emigrierten deutschen Autoren half, wo er konnte, auch noch in den ersten Jahren des Zweiten Weltkriegs. Dann musste er als Staatenloser (er hatte seinen deutschen Pass 1937 zurückgegeben, erhielt die französische Staatsbürgerschaft aber erst Ende 1945) untertauchen. 1948–1952 war er Pariser Korrespondent der *Zeit*. Hauptwerk Breitbachs ist zweifellos der international erfolgreiche Roman *Bericht über Bruno* (1962), in dem der Autor den verborgenen Motiven politischen Handelns nachgeht. Es ist der Bericht eines reichen Industriellen und liberalen Politikers über seinen hochintelligenten Enkel Bruno, dessen skrupellosen politischen Machtkampf und schließlichen Aufstieg. Breitbachs unermüdlicher Einsatz für andere Autoren mündete in die Gründung einer Stiftung, die alljährlich den hochdotierten Joseph-Breitbach-Preis an deutschsprachige Schriftsteller verleiht.

»Dôme«: 1898 eröffnete das Café du Dôme am Boulevard Montparnasse 109 und entwickelte sich rasch zu einem sehr beliebten Lokal und Treffpunkt von Künstlern aller Art, insbesondere da es für alle erschwinglich war – das Angebot reichte von Würstchen mit Pommes frites bis zu Austern. Heute ist es mit seinem Jugendstildekor ein schönes, aber exklusives Fischrestaurant.

Princess Street in Edinburgh: XXII. internationaler PEN-Kongress, 18.–26.8.1950.

Irland: Internationaler PEN-Kongress 13.–20.6.1953.

Lotte: Luiselotte (eigentlich Louise Babette) Enderle, Leipzig 1908 – München

1991. Kästner und sie kannten sich schon seit etwa 1926/27, als Kästner Redakteur bei der *Neuen Leipziger Zeitung* und Enderle Mitarbeiterin des Familienblatts *Beyers für Alle* war. 1939 trafen sie sich in Berlin wieder; seitdem war sie seine Lebensgefährtin. Als Kästner 1944 ausgebombt wurde, zog er zu ihr in die Sybelstraße 8. 1933–1943 war sie Chefredakteurin der Zeitschrift *Hella*, 1943–1945 Dramaturgin bei der Ufa. Ab Oktober 1945 Mitarbeiterin Kästners im Feuilleton der *Neuen Zeitung*, dessen Leiterin sie von April 1948 bis September 1949 wurde. Danach u. a. Redakteurin bei der *Münchner Illustrierten*. Mitautorin des Drehbuchs für die Filmkomödie *Das Wirtshaus im Spessart* (1958, Regie: Kurt Hoffmann; Hauptdarsteller Lieselotte Pulver und Carlos Thompson).

18 *Mit Erich Ohser in Paris.*
Vorwort für eine Mappe

Reden und Vorreden. Gesammelte Schriften für Erwachsene, Bd. 8, S. 323–325 (Erstdruck: Ohser, Erich: *Pariser Skizzen*, Reba-Verlag, Darmstadt 1963, u. d. T. *Erinnerung an Paris*).

Erich Ohser: Untergettengrün (Vogtland) 1903 – Berlin 1944. Kindheit und Jugend in Plauen. Studium an der Leipziger Aka-

146

demie für Graphische Künste und Buchgewerbe, gelegentliche Aufträge als Pressezeichner. 1923/24 Bekanntschaft mit Erich Kästner (seit Anfang 1924 Redakteur der *Neuen Leipziger Zeitung [NLZ]*), beginnende Zusammenarbeit. Kästners Gedicht *Nachtgesang des Kammervirtuosen* (»Du meine neunte, letzte Symphonie …), anzüglich illustriert von Ohser, abgedruckt im März 1927 in der *Plauener Volkszeitung*, missdeutete man bei der NLZ als Verhöhnung Beethovens. Autor wie Illustrator wurden entlassen und suchten ihr Heil in Berlin. Ohser machte sich bald einen Namen als Buchillustrator, z. B. von Kästners Gedichtbänden *Herz auf Taille* (1928), *Ein Mann gibt Auskunft* (1930) und *Gesang zwischen den Stühlen* (1932), und als Karikaturist (u. a. für die SPD-Zeitung *Vorwärts* und die *Neue Revue*). 1930 Heirat, 1931 Geburt des Sohnes Christian. Ab Januar 1934 quasi Berufsverbot: Nichtaufnahme in die Reichspressekammer, nicht zuletzt wegen seiner Hitler- und Goebbelskarikaturen. Unter dem Pseudonym e.o.plauen Veröffentlichung der Comic-Serie *Vater und Sohn* in der *Berliner Illustrirten Zeitung* (Ende 1934–1937). Erst 1940 neue Arbeitsmöglichkeit, als politischer Karikaturist für die Propagandazeitschrift *Das Reich*.

1943 ausgebombt; Umzug in das Haus eines Bekannten. 22. Februar 1944 Denunziation durch einen Mitbewohner des Hauses wegen »defätistischer« Äußerungen, 28. März Verhaftung. Ohser erhängte sich am 5. April, am Vorabend des Prozesses am Volksgerichtshof unter Roland Freisler.

Sommer 1928: Vom 19.–28. Mai 1929 (nicht: 1928!) reiste Kästner zusammen mit Erich Ohser und Ilse Julius nach Paris. Siehe u. a.: *Eine Stadt wird erobert* (wieder abgedruckt in: *Zwischen hier und dort. Reisen mit Erich Kästner*, hrsg. v. Sylvia List. Atrium Verlag, Zürich 2012), S. 70– 76. 1930 unternahmen Kästner und Ohser eine zweite gemeinsame Reise, nach Moskau und Leningrad, und besuchten u. a. Michail Soschtschenko, dessen Roman *Die Stiefel des Zaren* in Deutschland mit Illustrationen Ohsers erschienen war. »poules«: »leichte Mädchen«.

Vollmatrose Ringelnatz: Joachim Ringelnatz (Pseudonym, eigentlich Hans Gustav Bötticher), Wurzen 1883 – Berlin 1934. Gescheiterte Anläufe in zahllosen Berufen. Schließlich erste Erfolge als Kabarettist in der Münchner Künstlerkneipe *Simplicissimus* (ab 1909) und Veröffentlichungen in der gleichnamigen Zeitschrift. Zunehmende Bekanntheit während der

Weimarer Republik. Seine skurrile Unsinnspoesie und die Erzählgedichte um die haarsträubenden Abenteuer des Seemanns *Kuddel Daddeldu* sind bis heute lebendig geblieben. »*mit einem hanebüchenen Kuddeldaddeldu-Gesicht*«: Ringelnatz hatte eine im Verhältnis zu seiner Körpergröße riesige Vogelschnabelnase und ein stark vorspringendes Kinn. Mit dem Vortrag seiner *Kuddel-Daddeldu*-Gedichte gastierte er schon in den frühen 1920er-Jahren in Leipzig. Kästner dürfte ihn dort erlebt haben.

22 Max und sein Frack
Der Karneval des Kaufmanns. Gesammelte Texte aus der Leipziger Zeit 1923–1927, hrsg. v. Klaus Schuhmann. Lehmstedt Verlag, Leipzig 2004, S. 7 f. (Erstdruck: *Leipziger Tagblatt*, Jg. 117, Nr. 32, 7.2.1923). Es ist der erste im *Leipziger Tagblatt* abgedruckte Text Kästners. Die Geschichte spielt zur Zeit der großen Inflation nach dem Ersten Weltkrieg. Bei der Stabilisierung der Währung im November 1923 war der Wert von 1 Billion Papiermark auf den Wert von 1 Goldmark gesunken.

24 In der Heimat beigesetzt. Einem anderen gefallenen Freund
Typoskript. Nachlass Erich Kästner, DLA Marbach: HS000895830. Das Gedicht entstand 1918. Kästner, damals im Militärdienst, hatte bereits mehrere Schulkameraden aus dem Freiherrlich von Fletcherschen Lehrerseminar verloren, u. a. seinen Freund Kurt Kern (*Das Lied der Jugend* in: *Fletcheranerbote*, Jg. 11, Nr. 1, 1. April 1918. S. auch das 1929 entstandene Gedicht *Primaner in Uniform*, in: *Ein Mann gibt Auskunft*, 1930).
»*unabkömmlich*«: Der Pastor war vom Militärdienst befreit.

26 Ein ungefähr Achtjähriger und seine Freunde
Als ich ein kleiner Junge war. Der ungefähre Tageslauf eines ungefähr Achtjährigen, VII, S. 71, 74–76 (Auszüge).
Drillich: sehr dichtes (urspr. dreifädiges) Leinen- oder Baumwollgewebe, für Arbeits- oder Soldatenkleidung. Drell, z. B. Matratzendrell, ist ein ähnlich fester Stoff.
Knobelbechern: kurze Soldatenstiefel aus ähnlich kräftigem Leder wie Knobelbecher.
Bratenrock: Gehrock – eine doppelreihige Jacke mit knielangem Schoß, aus meist dunklem Tuch, ab etwa 1870 die offiziel-

le Kleidung von Ministern, Ärzten, Geschäftsleuten und Honoratioren aller Art. Weil der Gehrock zuletzt nur noch zu festlichen Anlässen getragen wurde, taufte man ihn scherzhaft Bratenrock. Kästner verwendet den Begriff an dieser Stelle – im Kontext mit den Fleischermeistern – natürlich auch als Wortspiel.

31 Der Junge mit der Hupe taucht auf

Emil und die Detektive. Ein Roman für Kinder. 8. Kap. *Der Junge mit der Hupe taucht auf,* VII, S. 245–250 (Erstdruck: *Emil und die Detektive. Ein Roman für Kinder.* Williams & Co., Berlin-Grunewald 1929).

Café Josty an der Kaiserallee: Kaiserallee 201 (heute: Bundesallee)/Ecke Trautenaustraße in Berlin-Wilmersdorf. Im Zweiten Weltkrieg zerstört. Kästner wohnte 1927–1929 in der nahe gelegenen Prager Straße.

Nikolsburger Platz: wenige hundert Meter vom Café Josty entfernt.

38 An Walter Trier

Dieses Na ja!, wenn man das nicht hätte!, S. 164 f. Kästner hat Auszüge dieses Briefs verwendet für seinen großen Aufsatz über Walter Trier, *Ein deutscher Kleinmeister aus Prag,* VI, S. 647–654 (Erstdruck: *Heite-*

res von Walter Trier, hrsg. v. Erich Kästner. Fackelträger-Verlag, Hannover 1959).

Walter Trier: Prag, Österreich-Ungarn 1890 – Craigleith bei Collingwood, Ontario, Kanada 1951. Presse- und Werbezeichner, Karikaturist, Illustrator. Zeichnete schon früh für den *Simplicissimus,* ab 1910 für die Zeitschriften des Berliner Ullstein-Verlags *Berliner Illustrirte, Uhu, Die Dame.* In den 1920er-Jahren zunehmende Erfolge als Buchillustrator und Bühnenbildner, Beginn der Zusammenarbeit mit Erich Kästner, die erst mit Triers Tod endete. Aufgrund seiner jüdischen Herkunft 1936 Emigration nach London, wo er weiter intensiv tätig war, vor allem für die Satirezeitschrift *Liliput* und die Illustrierte *Picture Post.* 1947 aus familiären Gründen Übersiedlung nach Kanada. Von Kästners Kinderbüchern illustrierte Trier *Emil und die Detektive* (1929), *Arthur mit dem langen Arm* (1930), *Das verhexte Telefon* (1930), *Pünktchen und Anton* (1931), *Der 35. Mai* (1932), *Das fliegende Klassenzimmer* (1933), *Emil und die drei Zwillinge* (1935), *Till Eulenspiegel* (1938), *Das doppelte Lottchen* (1949), *Die Konferenz der Tiere* (1949), *Der gestiefelte Kater* (1950) und *Münchhausen* (1951). Nicht zuletzt diesen Illustrationen verdankt er seinen Nachruhm und seine anhaltende Beliebtheit.

149

»ein paar Mal in Salzburg und einmal in London«: Vom 19. August bis 8. September 1937 logierte Kästner in einem Hotel in Bad Reichenhall und pendelte von dort regelmäßig nach Salzburg, wo er sich häufig mit Walter Trier traf. Sie hatten vom Atrium-Verleger Kurt Maschler den Auftrag, ein Salzburgbuch zu verfassen. Die in *Der kleine Grenzverkehr* (1938 u. d. T. *Georg und die Zwischenfälle*) geschilderten Umstände und Unternehmungen decken sich – von dem Handlungsstrang um Konstanze abgesehen – weitgehend mit der Realität.

Im September 1938 besuchte Kästner Trier in London, um sich wegen der Illustrationen zu *Till Eulenspiegel* und wegen weiterer Buchprojekte (u. a. *Der gestiefelte Kater*) mit ihm abzusprechen.

40 Wiedersehen in der Villa Seeseite

Emil und die drei Zwillinge. Die zweite Geschichte von Emil und den Detektiven. 4. Kap. *Villa Seeseite* (gek.), 5. Kap. *Ein Wiedersehen in der Ostsee* (Auszug), VII, S. 354–359, 361–363 (Erstdruck: *Emil und die drei Zwillinge. Die zweite Geschichte von Emil und den Detektiven*. Roman für Kinder. Atrium-Verlag, Basel/Wien/Mährisch-Ostrau 1935).

Tafelwagen: je nach Größe von Hand oder Pferden gezogener offener Wagen mit tafelförmiger Ladefläche ohne feste Seitenwände.

50 Die Reisen des Amfortas Kluge: Fünf Minuten Nordpol

Der Herr aus Glas. Erzählungen, hrsg. v. Sven Hanuschek. Atrium Verlag, Zürich 2015, S. 49–53 (Erstdruck: *Die Große Welt*, Jg. 2, H. 20, November 1925, S. 59–61).

Lüsterjackett: Lüster bezeichnet einen festen glatten Stoff mit Kette aus dunklerem Baumwollgarn und Schuss aus gröberem, hellerem und stark glänzendem Alpaka- oder Mohairgarn. Das ergibt eine schimmernde und farblich leicht changierende Oberfläche.

Frama: angelehnt an *Fram* – das war das Schiff, mit dem Fridtjof Nansen seine Durchquerung des Nordpolarbeckens (1893–1896) und Roald Amundsen seine Expedition zum Südpol (1911–1912) durchführte. Es war bekannt, dass Amundsen die *Fram* für seine Südpolexpedition äußerst komfortabel hatte einrichten und mit reichlichem Proviant aller Art versehen lassen.

Amundsen: Roald Amundsen, 1872–1928, norwegischer Polarforscher, erreichte am 14.12.1911 als Erster den Südpol. Im

Mai/Juni 1925 hatte er vergeblich versucht, von Spitzbergen aus den Nordpol zu überfliegen. Ein Jahr später sollte ihm dies mit dem Luftschiff *Norge* gelingen, gemeinsam mit Umberto Nobile und Lincoln Ellsworth.

Eisbären ... Schwarm von Pinguinen: Dass Eisbären in der Arktis leben, trifft zu, nicht jedoch, dass es dort auch Pinguine gibt, schon gar keine »Schwärme«, die auch noch fliegen können ...

55 Labude
Der Gang vor die Hunde. Roman, hrsg. v. Sven Hanuschek. Atrium Verlag, Zürich 2013. 18. Kap. (gek.), 19. Kap. (Auszug), S. 174–188. Diese Ausgabe folgt der als Typoskript im Nachlass Kästner (DLA) vorhandenen Urfassung des Romans (Erstdruck der von Verlag und Autor z.T. erheblich veränderten Fassung: *Fabian. Die Geschichte eines Moralisten.* Roman. Deutsche Verlags-Anstalt, Stuttgart/Berlin 1931).

Das Fenster ... die kleinen Idioten: Dieser Abschnitt fehlt in der Erstausgabe, da die Autobusfahrt der beiden Freunde, auf die er sich bezieht, gestrichen war.

70 Grabrede für einen Idealisten
Kurz und bündig. Epigramme, I, S. 286 (Erstdruck: *Neue Schweizer Rundschau,* Jg. 17, H. 12, April 1949, S. 754). Das Epigramm findet sich schon in dem Nachlassmanuskript *Sprüche und Widersprüche. Epigramme,* das auf März 1943 datiert ist.

71 Der Justus, der Nichtraucher und die fünf Freunde
Das fliegende Klassenzimmer. Ein Roman für Kinder, VIII, 5. Kap. (Auszug), S. 88–95, 7. Kap. (Auszug), S. 109–111 (Erstdruck: *Das fliegende Klassenzimmer. Ein Roman für Kinder.* Friedrich Andreas Perthes, Stuttgart 1933).

83 Freunde in der Not
Erstdruck: *Pinguin,* Jg. 1, H. 11, November 1946.
»Wie man Freunde hat ...«: Notabene 45. Ein Tagebuch. Berlin, 2. März 1945 (Auszug), VI, S. 331 (Erstdruck: *Notabene 45, ein Tagebuch.* Atrium-Verlag, Zürich/Cecilie Dressler Verlag, Berlin/Ullstein Verlag, Wien 1961).
»mit jenem Freunde ... den ich für den ›besten‹ gehalten hatte«: Das bezieht sich auf Erich Ohser. 1946 ging dessen Verhalten Kästner immer noch sehr nahe. In einem Brief an den Publizisten Walther Victor vom

29.6.1946 in die USA schrieb er: »Ohser war ab 1933 in wachsendem Maße ins weite Feld der Konjunktur geraten und missbrauchte sein Talent im Auftrage des Propagandaministeriums. Darunter litt auch die Freundschaft, die mich mit ihm verband, endgültig, trotzdem tut er mir selbstverständlich leid. Nicht minder seine Frau und der kleine Junge« (*Dieses Na ja!, wenn man das nicht hätte!*, S. 91). An seine frühere Freundin Pony Bouché (eigentlich Margot, geb. Schönlank) schrieb er ein paar Monate später, am 30.10.1946: »Er war so ängstlich, wie er groß war. Und dann hat's ihn doch den Kopf gekostet. Weil er im falschen Moment den Mund aufmachte« (*Dieses Naja!, wenn man das nicht hätte!*, S. 92).

87 Der Fluchthelfer

Notabene 45. Ein Tagebuch. Mayrhofen I, 21. März bis 3. Mai (Auszug), VI, S. 345–347.

Eberhard: Eberhard Schmidt (1908–?), seit 1938 Ufa-Produktionschef. Herstellungsleiter bei den Filmen *Münchhausen* (1943) und *Der kleine Grenzverkehr* (1943). Produktionsleiter des fiktiven Films, der in Mayrhofen gedreht wurde; Titel: *Das verlorene Gesicht*, Regie: Harald Braun, Drehbuch: Erich Kästner und Herbert Witt, Hauptdarsteller: Hannelore Schroth, Ullrich

Haupt. Gedreht wurde mit leeren Kameras. Nach 1945 war Schmidt einer der drei Direktoren des Münchner Kabaretts *Die Schaubude.*

Brigitte Horney: Berlin-Dahlem 1911 – Hamburg 1988, berühmte Theater- und Filmschauspielerin. Darstellerin der russischen Zarin Katharina II. in *Münchhausen.* In Neubabelsberg wohnte sie in dem 1921 von Hermann Muthesius gebauten Landhaus Gugenheim am Johann-Strauß-Platz.

Staatsrat Hans Hinkel: 1901–1960, seit 1933 Staatskommissar im preußischen Ministerium für Wissenschaft, Kunst und Volksbildung, seit 1935 im Propagandaministerium zuständig für die »Entjudung« des Kulturbetriebs; 1936 Geschäftsführer der Reichskulturkammer, 1942 Chef des gesamten Unterhaltungsprogramms im Rundfunk und in der Filmabteilung, 1944 Reichsfilmintendant; SS-Gruppenführer.

»roch es wieder nach Gummi und glimmendem Sperrholz«: Die Konstrukteure des DKW verwendeten simple und preisgünstige Materialien, weshalb der Volksmund ihn »DKW-Pappmaché« taufte.

Gutshof der Familie Weiß in P.: Zitzstaudenhof bei Olching, der von dem Ehepaar Friederike und Otto Blau bewirtschaftet wurde, s. *Das Blaue Buch. Geheimes Kriegstagebuch 1941–1945*, hrsg. v. Sven Hanuschek in Zusammenarbeit mit Ulrich von Bülow und Silke Becker. Atrium Verlag, Zürich 2018, S. 168. Als Kästner seine stenographischen Notizen im *Blauen Buch* zu *Notabene 45* umarbeitete, camouflierte er aus verschiedenen Gründen einige Personennamen und Ortsangaben.

91 Glückwünsche für Carl Zuckmayer
Reden und Vorreden, VI, S. 617 f. (Erstdruck: *Gesammelte Schriften*, Bd. 5). Kästner schrieb diesen Brief zum 27.12.1956, Zuckmayers 60. Geburtstag.
Carl Zuckmayer: Nackenheim, Rheinhessen 1896 – Visp, Schweiz 1977. Bühnenautor, der seine Stücke *Der fröhliche Weinberg* (1925), *Schinderhannes* (1927), *Der Hauptmann von Köpenick* (1931) als Gegenentwurf zum politisch-lehrhaften Theater im Berlin jener Zeit verstand. Nach 1933 Rückzug in sein Haus bei Salzburg, nach dem Anschluss Österreichs 1938 Flucht in die Schweiz und von dort in die USA. Versuchte sich dort u. a. als Farmer. 1943 Abfassung eines Dossiers für den amerikanischen Geheimdienst (2002 als *Geheimreport* veröffentlicht) über im Dritten Reich erfolgreiche Schauspieler, Regisseure, Verleger, Autoren und Journalisten. 1946 amerikanische Staatsbürgerschaft. Größter Nachkriegserfolg: *Des Teufels General* (1946). 1957 Niederlassung in der Schweiz.
Schwannecke: 1921 gegründetes Weinlokal in der Rankestraße 4, geführt von Victor Schwanneke, einem ehemaligen Schauspieler.
Kakadu Kakada: Kakadu – Kakada. Kinderstück in sieben Bildern von Carl Zuckmayer mit Musik von Eduard Zuckmayer, 1929. Kästner schrieb einen ausführlichen Verriss in der *Weltbühne* (Jg. 26, 1930, Nr. 5, S. 190) und eine sehr summarische Kurzkritik in einer *Berliner Theater* betitelten Sammelrezension in der *NLZ* vom 23. Januar 1930 (*Gemischte Gefühle*, Bd. 2, S. 233).
Aufführung in der Nürnberger Straße: Die Uraufführung fand, als Gastspiel des Renaissance-Theaters, im Deutschen Künstlertheater an der Nürnberger Straße statt.
Montag Morgen: Von Leopold Schwarzschild herausgegebene Berliner Wochenzeitung, für die Kästner von Juni 1928 bis April 1930 lt. Vertrag allwöchentlich ein Gedicht zu liefern hatte. *Die Montags-Gedichte* erschienen erstmals gesammelt 1989 in einer Taschenbuchausgabe des Aufbau-Verlags, seit 2012 liegen sie in einer Neuausgabe des Atrium Verlags, Zürich, vor.

153

Jonny: Johnny Rappeport (1887–1974), Deutsch-Amerikaner und ehemals meiningischer Hofschauspieler, langjähriger Sekretär des Deutschen Bühnenklubs, der 1933 aufgelöst wurde. Sein Lokal *Johnnys Kleines Künstler-Restaurant* am Kurfürstendamm/Ecke Waitzstraße galt in der Hitlerzeit als geheime Fortsetzung des Klubs. Zu den Stammgästen gehörten neben Kästner die Journalisten Walter Kiaulehn und Felix von Eckardt (ab 1952 mehrere Jahre Bundespressechef), die Autoren Oda Schaefer und Horst Lange und die Schauspieler Hans Albers, Hans Söhnker, Karl Schönböck, Käthe Haack, Otto Wernicke und Gustav Knuth. Bei seinen Besuchen im Nachkriegsberlin wohnte Kästner mehrmals bei Johnny in der Duisburger Straße 18.

93 An Werner Buhre

Dieses Na ja!, wenn man das nicht hätte!, S. 132, 286 (gek.), 437.

Werner Buhre: Dresden [?] 1901 – München 1980, Filmemacher, Übersetzer, Publizist; Kästners ältester und einer der engsten Freunde. Sie kannten sich seit 1919, aus der Zeit am König-Georg-Reformgymnasium. 1927 trafen sie sich in Berlin wieder, wo Buhre, seit 1925 promovierter Volkswirt, Filialvertreter der Gummi-

werke *Excelsior* war (bis 1931). Danach war er als Drehbuchautor und Regisseur bei der Ufa tätig. 1934 verfasste er mit Kästner *Das lebenslängliche Kind* (s. Anm. S. 139, Sp. 1/2). Nach dem Krieg verschlug es ihn – wie Kästner – nach München, wo Kästner das Feuilleton der *Neuen Zeitung* leitete. Buhres Zuständigkeit war die Kinderseite. Seit den 1950er-Jahren war er freier Übersetzer, vor allem für *Reader's Digest.* Sein erfolgreichstes Werk – neben der Kästner-Koproduktion – war die deutsche Einrichtung der Oper *Fra Diavolo* von Daniel François Esprit Auber.

»etwa krank geworden«: In den Nachkriegsjahren sorgte Kästner sich mehr als einmal um Buhres Gesundheit. So heißt es in einem Brief vom 13.8.1947 an Pony Bouché, die in Paris lebte und der er für ein Paket dankte: »Bei dieser Gelegenheit möchte ich Dich fragen, ob es Dir möglich wäre, dem Werner Buhre auch einmal etwas zu schicken. Er sah ja immer so dünn und grün aus. Aber neuerdings sieht er fast gar nicht mehr aus. Nicht einmal mehr dünn und grün. Der Arzt hat ihm zwar zusätzliche Lebensmittel verschrieben, aber davon wird er auch nicht fetter. Seine Adresse ist: München 27, Keplerst. 12. Er hat wiederholt

nach Deiner Adresse gefragt, verschwindet dann aber immer wieder auf Wochen aus meinem Gesichtskreise, um seine Dünnheit und Grünheit im Verborgenen zu pflegen« (*Dieses Na ja!, wenn man das nicht hätte!, S.* 126.). Als Pony Bouché im Juli 1955 zu Besuch nach München kam, lud Kästner Buhre, den sie ja aus Berliner Tagen kannte, zu dem Treffen ein.

»*Unseren Geburtstag*«: Beide sind am 23. Februar geboren: Kästner 1899, Buhre 1901.

Musical: Die Vorlage sollte *Münchhausen* sein. Das Vorhaben verlief im Sande.

96 Missverständnisse und Männerfreundschaft

Drei Männer im Schnee, IV, 6. Kap., S. 51–53 (Auszug), 8. Kap., S. 67–69 (gek.), 12. Kap., S. 102–109 (gek.).

Apachen: In den 1920er-Jahren gängige Bezeichnung für Angehörige der Pariser Halb- und Unterwelt; später verallgemeinernd für »Großstadtganoven«.

»*Wenn ich nicht Alexander wäre, möchte ich Diogenes sein*«: Alexander dem Großen (356–323 v. Chr.) zugeschriebener Ausspruch. Alexander, mächtigster Herrscher des alten Griechenland, hatte dem Philosophen Diogenes (400–328 v. Chr.), der für seine Bedürfnislosigkeit bekannt war und in einem Fass lebte, einen

Wunsch freigestellt; die Antwort des Diogenes: »Geh mir aus der Sonne!«

107 Der zwiefache Struve

Die verschwundene Miniatur, 16. Kap., S. 313–315, 17. Kap., S. 316–318, 20. Kap., S. 344–347 (Auszüge) (Erstdruck: *Die verschwundene Miniatur, oder auch Die Abenteuer eines empfindsamen Fleischermeisters*. Roman. Atrium-Verlag, Basel/Wien/Mährisch-Ostrau 1936).

Adamson: Struve spielt an auf die von dem schwedischen Cartoonisten und Comiczeichner Oscar Jacobson im Jahr 1920 erfundene Figur eines kleinen, Zigarre rauchenden Mannes, kahlköpfig bis auf drei abstehende Haare, meist schweigsam, immer grämlich und vom Missgeschick verfolgt. Die Comicstrips wurden rasch international populär und in vielen Ländern nachgedruckt, auch in Buchform. Zwischen 1924 und 1928 erschienen beim Berliner Verlag Dr. Selle-Eysler A. G. insgesamt sechs Bände mit *Adamson*-Geschichten.

Furioso in Oktaven: Kästner hatte offenbar etwas übrig für donnernde Oktavgänge, s. *Nachtgesang des Kammervirtuosen*: »Komm, lass uns durch Oktavengänge schreiten! / (Das Furioso, bitte, noch einmal!)« aus *Herz auf Taille* (1928).

155

Holbein: hier: Hans Holbein der Jüngere, 1497–1543, Sohn des Augsburger Künstlers Hans Holbein des Älteren, schuf Altäre, Wandbilder, Glasmalereien und Buchillustrationen, wurde jedoch am bekanntesten als Porträtist. Stationen in Basel, Frankreich und England, 1532 Niederlassung in London. 1536 Ernennung zum Hofmaler Heinrichs VIII., dessen Gattinnen Anne Boleyn, Jane Seymour und Anna von Kleve er porträtierte.

117 *Zu Ernst Penzoldts sechzigstem Geburtstage*

Die kleine Freiheit, II, S. 294 f. (Erstdruck: *Rhein-Neckar-Zeitung,* 11. Juni 1952). Ernst Penzoldts Geburtstag war am 14. Juni. Zu diesem Datum erschienen Abdrucke in weiteren Zeitungen, u. a. der *Süddeutschen Zeitung,* und in der Geburtstagsschrift des Suhrkamp-Verlags.

Ernst Penzoldt: Erlangen 1892 – München 1955, Schriftsteller und bildender Künstler (Maler, Zeichner, Bildhauer), seit 1934 unter dem Pseudonym Fritz Fliege. 1912 Studium der Bildhauerei in Weimar und Kassel. 1914 als Freiwilliger zum Militärdienst, Einsatz fast ausschließlich als Sanitäter. Nach dem Krieg »fand [ich] zuerst die Sprache wieder, die Hände waren noch ohnmächtig« – auf diese Weise fand

Penzoldt zum Schreiben. 1919 Übersiedlung nach München, Bekanntschaft mit Ernst Heimeran, der 1922 den Ernst Heimeran Verlag gründete. Im selben Jahr Heirat mit dessen Schwester Friedi. Wohnung zunächst im Heimeran-Haus, Dietlindenstraße 14, seit 1938 in der Schwedenstr. 39 (unweit der Fuchsstraße, wo Kästner 1946–1952 wohnte). Bei Ernst Heimeran erschienen Penzoldts erste Lyrik- und Prosabände, später zahlreiche von »Fritz Fliege« illustrierte Bücher anderer Autoren, aber auch solche von Fritz Fliege (zuletzt *Fliegenkleckse,* 1952) und unter Penzoldts Namen zu dessen 50. Geburtstag das von der Herausgeberin seit Kindertagen heiß geliebte Büchlein *Die Reise ins Bücherland.* 1924 Mitgründung der Münchner literarischen Gesellschaft *Die Argonauten,* kulturell einflussreich, aber finanziell klamm. Zur Aufbesserung der Kasse wurden große, zunehmend beliebte Faschingsfeste veranstaltet – mit Einladungskarten, Plakaten und Festdekorationen von Ernst Penzoldt. 1926 Ausstattung der »Waldkirche« von Theodor Fischer in Planegg bei München. Ende der 1920er-Jahre erste schriftstellerische Erfolge mit den Romanen *Der Zwerg* (Reclam, 1927; revidierte Fassung u. d. T. *Die Leute aus der Mohrenapotheke,* S. Fischer,

1938), *Der arme Chatterton* (Insel, 1928) und der Novelle *Etienne und Luise* (Reclam, 1929). Diese hatte wegen Namensgleichheit eines Protagonisten mit einer lebenden Person einen jahrelangen Prozess zur Folge, der Penzoldt landesweit bekannt machte. 1930 erschien im Propyläen-Verlag Penzoldts Hauptwerk, *Die Powenzbande. Zoologie einer Familie, gemeinverständlich dargestellt von Ernst Penzoldt.* Ein Schelmenroman, in dem die in jeder Hinsicht unangepasste Familie Powenz unter der Devise »Furchtlos, fröhlich und fruchtbar!« einen zähen Kampf gegen eine spießige Kleinstadt führt. »Till Eulenspiegel hat Junge gekriegt«, begann Kästner seine begeisterte Rezension vom 10. Juli 1930 in der NLZ und befand, der Roman sei »ein glückliches Produkt« (*Zweierlei Phantasie*, in: *Gemischte Gefühle*, Bd. 1, S. 186 f.). Ebenfalls 1930 veröffentlichte Penzoldt *Die portugalesische Schlacht* als Bühnenstück (uraufgeführt 1931 am Münchner Residenztheater) wie als Novelle, 1933 folgte das Kammerspiel *So war Herr Brummell*, 1934 uraufgeführt am Wiener Burgtheater. Beginn der Zusammenarbeit mit dem späteren Verleger Peter Suhrkamp, damals Lektor bei S. Fischer. Dort erschienen *Kleiner Erdenwurm. Roman* (1934), *Idolino. Erzählung* (1935), *Der dankbare Patient*,

mit Zeichnungen des Patienten (1937), *Korporal Mombour. Eine Soldatenromanze* (1941, zugleich erstaunlicherweise in einer Feldpostausgabe – der militärisch klingende Titel tarnte den eher pazifistischen Text). Penzoldt war 1939 sofort eingezogen worden, wurde krankheits- und altershalber entlassen, dann wieder eingezogen und 1944 endgültig entlassen. Weitere Publikationen Penzoldts (alle im Suhrkamp Verlag): *Zugänge* (1947), *Gesammelte Schriften in Einzelausgaben: Causerien* (1949), *Süße Bitternis* (1951), *Drei Romane* (1952). 1950 Verfilmung des *Korporal Mombour* u. d. T. *Es kommt ein Tag* mit Dieter Borsche und Maria Schell. 1953/54 Uraufführung des Kammerspiels *Squirrel* im Münchner Theater *Die kleine Freiheit* und Veröffentlichung der gleichnamigen Novelle.

120 Herrn Bremser geht ein Licht auf

Pünktchen und Anton. Ein Roman für Kinder, VII, 8. Kap. Herrn Bremser geht ein Licht auf, S. 498–501 (Erstdruck: *Pünktchen und Anton. Ein Roman für Kinder*. Williams & Co., Berlin-Grunewald 1931).

125 Von der Freundschaft

Pünktchen und Anton. Die achte Nachdenkerei handelt: Von der Freundschaft, VII, S. 502.

126 Im Faltboot über den Atlantik

Pünktchen und Anton, 16. Kap. *Ende gut, alles gut*, S. 539–542 (gek.). Die Szene hat große Ähnlichkeit mit Kästners Gedicht *Weltreise durchs Zimmer* (Erstdruck: *Beyers für Alle / Kinderzeitung*, Jg. 1, H. 23, 8.11.1928; später von Kästner übernommen in *Das Schwein beim Friseur und anderes. Kindergeschichten.* Atrium-Verlag, Zürich 1961, und Cecilie Dressler Verlag, Berlin 1961).

130 Bummel durch Salzburg

Der kleine Grenzverkehr. Salzburg, 22. August, mittags, IV, S. 372–375 (gek.) (Erstdruck: *Georg und die Zwischenfälle*, Roman. Atrium-Verlag, Basel/Mährisch-Ostrau 1938).

Altane: balkonähnliche Plattform auf einem Unterbau, die aus den oberen Stockwerken eines Gebäudes Austritt ins Freie gestattet.

Makart: Hans Makart, Salzburg 1840 – Wien 1884, malte prunkvolle Gemälde historischen und allegorischen Inhalts, deren überladene Dekoration Mode und Wohnungsausstattung der Gründerjahre beeinflusste.

134 Geburtstagsständchen für Hermann Kesten, fast aus dem Stegreif

Erstdruck u. d. T. *Geburtstagsständchen für Hermann Kesten, fast aus dem Stegreif* von

Erich Kästner: Die Zeit, Nr. 5, 30. Januar 1970.

»*Lieber Hermann* …«: Um diese persönlichen Zeilen ergänzte Kästner das gedruckte Faksimile seines Dankgedichts *An die Gratulanten* für die Glückwünsche zum 70. Geburtstag. Abdruck des (gedruckten) Faksimiles und des P. S. an Hermann Kesten in: *Das große Erich Kästner Buch*, S. 346 f., *An die Gratulanten*, Erstdruck: *Die Zeit*, Nr. 13, 28. März 1969.

Soho – Stockholm: teils Stationen der Emigration während der Nazizeit (Paris, Cannes, Overseas), teils Städte, in denen PEN-Tagungen stattfanden (Darmstadt, Stockholm). Marrakesch besuchte Kesten auf seiner zweiten Nordafrikareise 1930.

Insel Desch: Von einem Straßendreieck (Romanstraße, Renatastraße, Winthirstraße) begrenztes Areal in München-Nymphenburg, auf dem sich das Verlagsgebäude von Kestens damaligem Verlag, dem Kurt Desch Verlag, befand.

»*der Freund und Poet*«: Anspielung auf Kestens wohl bekanntestes Werk *Meine Freunde, die Poeten.* Kurt Desch Verlag, München 1953; erw. Fassung Kindler Verlag, München 1959.

Dank

Mein erster Dank gilt diesmal meiner Lektorin Katharina Diehl. Ohne sie gäbe es dieses Buch nicht. Aber auch nicht ohne Johan Zonneveld, der mich bei der Suche nach geeigneten Texten und der Beschaffung von Textvorlagen wieder freundschaftlich unterstützt hat.

Erich Kästner, 1899 in Dresden geboren, begründete gleich mit zwei seiner ersten Bücher seinen Weltruhm: *Herz auf Taille* (1928) und *Emil und die Detektive* (1929). Nach der Machtübernahme der National-sozialisten wurden seine Bücher verbrannt, sein Werk erschien nunmehr in der Schweiz im Atrium Verlag. Erich Kästner erhielt zahlreiche literarische Auszeichnungen, u. a. den Georg-Büchner-Preis. Er starb 1974 in München.

Sylvia List arbeitete als Verlagslektorin, Redakteurin und Übersetzerin. Seit einigen Jahren ist sie Herausgeberin von Anthologien mit bekannten und unbekannten Texten Erich Kästners, u. a. *Meine Mutter zu Wasser und zu Lande, Morgen, Kinder, wird's nichts geben!, Zwischen hier und dort, Meine Katzen, Goethe und die Schrebergärtner, Interview mit dem Weihnachtsmann, Sonderbares vom Kurfürstendamm, Man schwitzt und fragt: Wann hört das auf?, Wer Kind bleibt, ist ein Mensch, Verlobung auf dem Seil, Hurra, Ferien!* und *Monolog in der Badewanne*.